JN142555

中小製造業がやるべき
増員ゼロ、10倍速で成功させる

儲かる ディベロップレス 開発法

四谷剛毅 著

エベレスト出版

まえがき

一つの開発の成功は、企業の成長力を根本から変える力を持っている。

ところが、多くの経営者が次のように思っています。

「開発は、難しくて取り組みたくても取り組めない」

なぜ、そんな思い込みをしてしまうのか？

それは、難しい開発しか知らないから…


本書は、開発力を持つことによって、「低収益・依存体質から抜け出し、会社を大きく成長させたい」と考える、ものづくり企業の経営者と経営幹部の方に向けて書きました。

本書の最大の特徴は、経営資源の限られるものづくり企業が、開発型企業となって高収益自立経営を実現するための道すじを示している点にあります。

これまで、技術開発を伴う商品や製品の開発の本と言えば、大企業の、しかも、優秀な技術者や専門技術者向けの書物ばかりで、人財の限られる中小企業向け、さらには、経営者向けに書かれたものは皆無でした。

その影響からか、「開発とは、優秀な専門技術者に任せるもので、そうした人財がいる大企業にしかできないもの」として、多くの中小企業では、取り組むことをあきらめてしまっているかのような状態になっています。

しかし、それは、「優秀な専門技術者向けの開発しか知らない」のが原因です。人財の限られる企業には、限られる中でこそやれる開発があります。大企業がやっている開発だけが開発ではないのです。

一方で、経営資源の限られるものづくり企業にとって「開発力こそ、経営の最大の武器」になることを、知っていただきたい。

詳しくは本書の中でご紹介していますが、たった一人の普通の社員が、数か月で開発を成功させ、新市場を開拓して単品依存から脱局し、大幅に収益を向上させたという、夢のような事例が現実としてあります。貴社でも、限られた人財で新規開発を成功させ、新市場を開拓することは十分に可能なのです。

ただし、従来どおりの大企業や優秀な専門技術者向けの開発をまねしても、必ず失敗してしまいます。「まず、開発体制を整えて…」とか、「誰も手掛けていない独自の新技術を開発して差別化を図って…」などが、その典型例です。

そうではなく、経営資源の限られる企業が取るべき開発は、全く別にあります。また、開発型企業となって会社を成長させていくためには、経営者が絶対に理解しておかなければならないことがあります。

本書は、そういった資源の限られる企業の経営者が、理解するべき「開発の仕組み」と、「開発によって会社を成長させていく道すじ」を示すことを目的に、多くの事例を使って説明しています。わかりやすくするためと、守秘義務上、若干単純化したり、アレンジした部分がありますが、その分、理解しやすくなったと自負しています。

また、主には、ものづくり企業を対象に書いていますが、ものづくりや、ことづくりにおける「技術の商品化」に関わる企業、例えば、ＩＴ企業や商社といった企業の経営者と経営幹部の方にもきっと役に立つ内容です。

いずれにしても、本書が、少しでも「開発」のハードルを下げ、多くの企業が、高収益自立経営を手に入れる助けになることを願っています。

２０１９年２月吉日

株式会社シンプルテックプラン
代表取締役　四谷剛毅

もくじ

第1章

ディベロップレスが、中小ものづくり企業の稼ぎ方を変える！

1、なぜ、今、開発型企業を目指すべきか？

開発を成功させるために必要なもの

本書は、「これから、新たな商品や部品、技術を開発して、売上を伸ばしたい」「他社と差別化した商品を開発し、競争から抜け出したい」「自社商品を開発し、下請けから抜け出したい」あるいは、「そういった自社の開発の取り組みをしっかり仕組み化したい」そういった思いを強く持つ、中小ものづくり企業の経営者のために書き下ろした書です。

最大の特徴は、経営資源の限られる企業が、限られた経営資源の中で、開発を実現するための仕組みを示していることにあります。

人・もの・金・時間の限られる企業が、いかにして、次々と開発を成功させる「開発型企業」となるか、そのための独自の仕組みについて解説しています。中でも各企業にとって限られるのが、今後さらに貴重になっていく、人財と時間です。

いくら開発が必要だからといって、いきなり人や時間を大量に投入する余裕がある企業は少ないでしょう。限られた人財で、いかに短期間で開発する開発型企業になっていくか、特にその点に効果を発揮する独自の仕組みについて解説しています。

断っておきますが、本書は、単に開発期間の短縮や開発の効率化といった方法を紹介しようというのではありません。中小企業が取り組むべき開発を大局的にとらえ、中小企業が目指すべき開発型企業の真の姿を示すことを目的に書いています。

私は、これまで20年以上に渡って、技術や部品、商品の開発を手掛けてきました。最初は、自動車メーカーの開発の現場で、担当者そしてリーダーや責任者として開発に関わってきました。

中小の部品メーカーや加工メーカーと一緒に、開発を次々に成功させ、その速さと成功率の高さから、周囲からは、「技術を商品に、最速で結び付ける人」という評価を頂いたこともあります。

私自身は、「技術開発を成功させたい」という一心で努力しただけなのですが、結果的に、高い成功率と開発速度で周囲を驚かせる存在になっていました。

本書で解説する独自の開発の仕組みは、この開発現場での経験をベースにしたものです。これからその内容を説明していくわけですが、その前に、開発を成功させる中で私が持つに至った信条をここで紹介したいと思います。

それは、昔、私が論文に書いてたいへんな反響のあったものです。開発を成功させるために必要なものは何か、という信条で、大きく二つあります。

それは、次の二つです。

一つ目は、**「未来へのゆるぎない信念」**です。

そして、二つ目は、**「成功へのあくなき執念」**です。

開発要素があるということは、必ず「未知の部分」があるということです。したがって、開発を始めると、必ず未知の課題に直面します。それもほとんどの場合は、一度だけではありません。一つ課題を解決したら、次の新たな課題が見つかり、それを解決したら、また、次の課題と、次々に発生します。

この次々と発生する課題に対して、逃げずに、ブレずに、あきらめずに、最後まで解決できた企業だけが、開発を成功させることができます。

このとき、逃げず、そして、ぶれないためには、しっかりとした信念が必要です。会社の将来、そして未来の社会のために、「この開発が絶対に必要だ」という確固たる信念を持っていなければなりません。

開発の成功には、まず、この未来への信念が必要になります。しかし、それだけでは、最後までたどり着きません。最後の最後、もうだめだ、と思ったとき、それでもあきらめずに成功させるためには、成功へのあくなき執念、これが求められます。

「開発の成功に必要なものは、未来へのゆるぎない信念と、成功へのあくなき執念」

これが、私が長年の開発経験の中で、持つに至った信条であり、常に心がけ、実践してきたことです。この信念と執念の大切さは、本書の最後でもう一度詳しく説明しますので、今は頭の片隅に留めておいて下さい。

話を戻します。私はその後、縁あって独立しました。後ほど詳しく説明しますが、自分の生い立ちから、経営資源の限られる企業の開発を支援することが、自分の使命だと感じたためです。

そのため、今は、独自の開発の仕組みを使って、冒頭に説明したように、経営資源の限られる企業が、開発型企業になって成長していくための支援をしています。その支援先は、自動車業界に留まらず、製造業全体に広がっているのですが、それはさておき、ここで、皆さんに質問です。

皆さんは、なぜ、開発したいと思ったのでしょうか?

この本を手に取った皆さんは、何かしら開発に興味を持っている人だと思います。明確に開発したいものがある人や、漠然と何か開発したいと思っている人、あるいは、何となく開発しなければと思い始めた人ではないでしょうか。

開発する真の目的

さて、「開発したい」そう思った　きっかけ　は何だったのでしょうか。皆さんは、なぜ、開発したいと思い、何のために開発にチャレンジするのでしょうか。

開発というものは、少なからずリスクを伴うものです。人、物、金、時間といった経営資源を多く必要としますし、しかも、必ず成功するわけではありません。一定の、というより比較的高い失敗のリスクを持っています。

本書では、この開発リスクを最小化するための仕組みを紹介しています。ですが、それでも、必要な経営資源がゼロになることや、失敗のリスクがゼロになることはありません。少なからずリスクが存在します。

それにも関わらず、皆さんが、あえてリスクを取って、開発に挑戦するのはなぜでしょうか。そこには、リスクに見合うだけの大きな理由があるはずです。経営資源の限られる企業の場合は、なおさらです。

いかがでしょうか、ぱっと、答えが出てくるでしょうか？　なぜ、こんな面倒な質問を冒頭からするのかと言えば、**開発をするに当たって「開発する目的」は、何より重要**だからです。

ほとんどの企業は、最初は開発の目的を正しく持っています。ところが、多くの企業が、いざ、開発する段階になると、その目的を見失ってしまうのです。当の経営者が忘れていたり、意識していなかったり、あるいは、開発担当者が全く理解していなかったりします。

例えば、長く受け身を続けてきた受注型の企業や下請け企業には、次のようなケースがよく見受けられます。

・商品性向上やコストダウン、品質改良、不具合対策といった既存商品の改善、改良のための開発ばかりをやっている
・ライバル企業の商品や技術に対抗するための後追いの開発ばかりをやっている
・客先からの要望や要求仕様、図面に基づいて、客先に協力する開発ばかりをやっている

あるいは、チャンス追求思考の強い経営者によくみられる、次のようなケースです。

・伸びている市場や巨大市場に向けて商品を投入しようと、他社と似たような商品を開発してしまっている

・話題になっている最新の技術に飛びつき、開発してしまっている
・成功している、うまくいっている他社の情報を聞きつけては、後を追いかけている

誤解を恐れずに言えば、これらは、すべて、本来の開発の目的とは異なった、間違った開発です。やってはいけないとまでは言いませんが、少なくとも、開発型を目指す企業が、本来やるべき開発ではありません。本来やるべき開発は、他にあります。

ここに気づいてもらうために、思い出して欲しいのが、先程質問した、皆さんが開発したいと思うようになったきっかけです。このきっかけの中に、本来の開発の目的が含まれていたはずです。

皆さんが「新たな開発をしたい」と強く思ったきっかけは、次のような状態から抜け出したいと思ったからではないでしょうか？

・客先に協力するだけでは、いつまでたっても言いなりのまま。実質下請けなので収益的にも限られてしまう
・既存商品や既存技術の改善、改良といった従来の延長線上の取り組みだけでは、収益が尻すぼみで、いずれ立ち行かなくなる

・他社の後追いばかりを続けていては、価格勝負で低収益体質から抜け出せない

多くの企業が、開発したいと強く思ったきっかけは、「収益の向上」のはずです。**「現状のままでは、頑張っても収益が下がり苦しくなる一方で、何とか、新たな商品、技術を開発して、ここから抜け出したい」**そう強く思ったはずです。

そして、それは正しい思いです。なぜなら、本来、**開発には大きく収益を上げる、それだけの力がある**からです。

ところが、実際には、既存商品の改善や、流行りの商品やライバルへの対抗といった後追いの開発、あるいは客先に協力するだけの開発といった、収益向上につながらない開発、言ってみれば**「開発もどきな開発」**を懸命に続けているということが起こっています。

その一方で、それではいけないと考えた企業が、よくやってしまう間違いもあります。それは、チャレンジ志向、技術志向の強い会社がよく陥るパターンで、技術開発に経営資源をかけ過ぎる、次のようなケースです。

・世の大企業がやっている開発の真似をして、成果が出る前から、大量の人や設備、資金、時間といった経営資源を投入している

・技術の確立が優先され、延々と開発を続けている
・何に使えるかわからない技術の開発をいつまでも続けている

これでは、収益を上げる前に、過去の収益や、なけなしの経営資源を使い尽くしてしまいます。経営資源の限られる企業は、こういった、言わば**「無謀な開発」**にも手を出すべきではありません。

開発もどきな開発と無謀な開発、これらは、すべて、本来の開発の目的を見失った開発です。開発の本来の目的は、収益向上です。開発には、それだけの力があります。それをきちんと理解し、開発によって次々と新たな収益源を獲得し、継続して収益を伸ばしていくのが、真の開発型企業です。

開発型企業を目指す経営者は、間違っても、開発もどきな開発や無謀な開発に手を出さないことです。開発には収益を大きく向上させる、新たな収益源を作り出す力があるのですから、その力を発揮することです。

当社が支援している企業の皆さんには、開発本来の力を活かして、次のように目指すべき開発を伝えています。

①改善や改良あるいは他社の跡追いといった開発ではなく、独自の価値を持つ他社の追随を許さない商品や技術の開発を目指すこと
②客先や他社に協力するのではなく、自社で開発を主導すること
③いきなり経営資源を大量投入するのではなく、現有の経営資源の範囲で、かつ1年単位で開発を進めること

これに対して、「理想はわかるけど、そんなの開発経験の無い自社には無理」と感じた人も多いと思います。

しかし、そんなことはありません。手順通りにやれば、開発経験がまったく無い企業でも十分、実現可能です。

実際に、当社のクライアント企業の中には、開発未経験であったにも関わらず、正しい考え方をきちんと理解し、手順通り実行することで、本来の開発に成功された企業が実際に出ています。

ここからは、成功企業の一つとして、限られた人財と限られた時間の中で、大企業を圧倒する開発に成功した、ある企業の事例を使って、本来の開発とはどういうものかを説明していきましょう。

2、開発未経験の中小企業が、大企業を圧倒する

金属加工メーカーK社

K社は、複数の金属板をプレスした後、それを溶接などして製品を製造する加工メーカーです。といっても、大手完成メーカーから図面をもらい、その図面通りに部品を加工する典型的な下請け企業です。年商は10億円前後ですが、取引のほとんどが、この大手メーカー一社に依存しているという状況でした。

利幅は少なく、経営の自由度もほとんどありません。大手メーカーからの受注確保で、何とかやっているという状態。しかしその受注も、毎年繰り返される厳しいコストダウンの要求に、いつまで応え続けられるのか、不安が渦巻く状況だったのです。

言うまでもなく、図面をもらって製造することの繰り返しだけに、開発らしい開発など、まったくと言っていいほど、行われたことはありませんでした。

そんなK社の社風を一言で言うと、「まじめな会社」です。大手の要求に対して何事にもまじめにコツコツと取り組み努力する、そういった感じでした。みんな一生懸命に努力している。しかし、その割に少しも楽にならない。そんな状態だったのです。

K社長は悩みました。「大手メーカーの方は比較的安定しているし、努力の甲斐もあって関係も今のところ良好な状態を保っている。だから、しばらくは何とかなるだろう。しかし、このままで良いのだろうか。この先のことを考えると、今のうちに手を打っておかなければ、わが社が依存している大手メーカーが少しでも傾けば、小さなウチなど、あっという間に潰れてしまう」と。

こう考えたK社長は、この大手メーカー以外に取引を広げるべく、新製品の開発に乗り出すことを決意します。ところが、開発などしたことがない同社にとっては、何をどうしたら良いのか、「そもそも何を開発したら良いのか?」、K社長は、それすら分からなかったと言います。

そこで、答えを求めて、様々なところを探したそうですが、縁あって一緒に取り組むことになったのです。

まず、最初は、開発テーマの選定から開始しました。ここで、当社がよくご相談を受ける企業について少し説明しておきます。大きくは二つのタイプがあります。

一つは、具体的に開発したいテーマを既に持っていて、その開発を効率よくやりたい、あるいは、そのための仕組みを持ちたいという要望を持たれている企業です。

もう一つは、開発したいテーマが無いか、または漠然としていて、まず、何を開発すべきかから決めたいという要望を持たれている企業です。

後者の場合は、当然、何を開発すべきか「開発テーマの選定」から始めています。K社もそうしたタイプの一社です。

ちなみに、前者のタイプの場合でも、一旦、開発テーマ選定まで立ち返って、本当にその開発で良いのかをチェックし、そこから、きちんと仕組み化することを支援することが大半です。理由は、それだけ「**開発テーマの選定が重要**」だからです。

開発において、どうやって開発するかは、もちろん重要ですが、それ以上に重要なのは、「何を開発するか?」です。このスタート時点で間違った開発に突き進むと、後からは取り返せません。開発成否の50%以上が、この開発テーマ選定で決まると言っても過言ではないほどです。

開発にどのくらいの人や時間、そして費用がかかるか、そもそも開発できるかどうか、さらには開発したものが売れるかどうか、これら多くの要素の基本的な部分が、このテーマ選びで決まってしまいます。もちろん、開発を始めてから変化する部分や開発での頑張りや失敗によって増減する部分はあります。

しかし、基本的な部分は、開始前の開発を考える段階で決まってしまいます。この最初で間違ってしまうと、後から取り戻すのは、至難の業です。それだけ、テーマ選定は重要なのです。

K社の場合、何を開発したら良いのか分かっていませんでしたから、当然ながら、ここから始めました。そして、開発テーマを選定するに当たって、K社長に最初に伝えたこと、それは、「的を絞る」ということでした。

開発テーマの選定において、まず、大事なことは、この「的を絞る」ということです。当たり前のことに聞こえると思います。ところが、これが非常に難しいのです。

テーマを絞るためには、そのための軸を持ち、その方向に向けてきっちりテーマを整理するための考え方を持っていることが必要になります。しかし、開発をやったことがないか、失敗ばかりしている企業は、これを持っていないのです。そのため、何を開発するか考え始めると、決まって「思考が発散してしまう」のです。

今まで、開発をほとんどやったことが無く、与えられたものや求められたものを製造してきた企業は、作るものが決まっていて、それをどう品質とコスト、納期を守って造るか、あるいは、品質、コスト、納期をより良くするか、そこに注力してきた企業です。造るものが既に決められた、その制約の中で、ものを考えてきた企業です。

そういった企業が、その制約から飛び出し、自分たちで開発しよう、自分たちで開発するものを考えようとすると、どうなるか？

折角、制約から抜け出したんだからと、どうしても自社の可能性を広げよう、広げようとしてしまいます。

その結果、「あれはどうか」、「これはどうか」、「あれもできそう」、「これもできそう」…と、どんどん考えが発散していってしまうのです。そして、なかなかまとまらないということが起こります。

さらに、そうやって、発散してしまった考え、アイデアは、思いつきレベルであるため、実際にやろうとすると、まったく実現性が無かったり、既に誰かがやっていたりします。

そういった開発にならないためにも、方向性を定め、テーマを整理し、的を絞っていくことが実務として必要なのです。

この開発テーマ選定を間違わないために、きちんと絞り込むために重要なことが、そもその「開発の目的」です。

ここが間違っていたり、あやふやな状態で、「あーだこーだ」考えても、まともな開発テーマにはなりません。一つの方向に向かって深く考え、絞り込んで答えを出すのに必要な思考軸、そのスタートとなる目的が無いためです。

目的を外さない開発テーマの条件

では開発の目的とは何か。これこそが、冒頭に説明した「収益の向上」と直結していることです。これを忘れてはいけません。

その収益を向上させる開発とは、いったい、どんな開発なのでしょうか？　当社では、目的を外さずに収益を向上できる開発テーマをきちんと選定するために、次のように伝えています。

「シェア50％以上を狙える開発を選定してください」と。

新たな収益源を確保して儲けを向上させていくために、開発品は、その分野でシェア50％以上、すなわちシェアＮo.1を取ってください、そう伝えています。

もう少し詳しく説明しましょう。

経営資源の限られる中小企業が、あえてリスクを取ってまで開発をやるとすれば、それだけの見返り、それだけの価値がなければ意味がありません。それこそが収益の向上です。

そして、高い収益を得るために欠かせないのがシェアです。中でもＮo.1を取るか、取らないかは、まさに「桁が変わる違い」が出てきます。

シェア50％以上を取れれば、言葉は悪いですが、その市場をコントロールすることさえできるようになります。市場をコントロールできるようになれば、価格をコントロールできるようになります。すなわち、価格を自社で決められるようになるのです。このことが、大幅に収益を底上げします。

極端なケースとして、市場シェア100％を握った場合、完全に価格をコントロールできます。そして、この場合の商品の値段は、「言い値」で良くなります。極端な話、原価の5倍だろうが10倍だろうが、商品にそれだけの価値があれば、代替商品は無いのですから独占的な販売が可能になります。

もちろん現実的にはそのようなケースは極めて稀ですが、そこまで極端では無くても、少なくともシェアNo.1をとれば、プライスリーダーとなり、自社で価格を決めることは、これは普通に可能な話です。

こうした話をしていると、「ウチだって、価格くらい自社で決めている」といった反論をされてくる方がいます。しかし伺ってみると、本当の意味で、価格を自社で決めていると言えるケースはほとんどありません。

「価格を決めている」というその中身は「見積り」だったりします。しかもその見積りとは、他社との価格競争に勝つために、まず、原価計算をし、そこにギリギリの少ない利益をのせて算出して価格を言っていたりします。

これは価格を決めたというより、「ギリギリの値段を提示した」だけの話です。自社で価格を決められているとは、原価とは関係無しに、優位な立場で値付けできている状態を意味します。

利益を知るために、原価計算はしていても、それを値付けのベースにすることはありません。先に値段を決めて、後から原価を確認して、利益率を出す、そういう順番になります。シェアNo.1になれば、これが可能になるのです。

このように、シェアを取れば、そのシェアに応じて、収益を大幅に向上させることができるのです。

このシェアNo.1を取って、高収益を上げている企業はたくさんあります。例えば、ニッチトップと呼ばれている企業です。

小さなニッチ市場でも、シェアトップを握っていれば大きな収益を上げることができます。世の中には、意外なほど多くの中小企業が、No.1商品を持っています。ただ、マイナーなのであまり知られていないだけなのです。

マイナーな例を挙げてもピンと来ないかもしれないので、ご理解頂きやすいよう、少しメジャーな例を挙げます。日本の自動車メーカースズキの例です。

同社には、長く圧倒的なシェアを持つ知られざる商品があります。「どの車種だろう？」と思われるかもしれませんが、実は、自動車ではありません。

自動車と比べると売上はずいぶん小さいのですが、利益率は自動車よりも大きいです。さて、何だかわかるでしょうか？

答えは、昔からある電動式の移動車両で「シニアカー」と呼ばれているものです。歩くスピードくらいでゆっくり移動できる、屋外用の車いすのようなものです。田舎にいくと、時々、お年寄りの方がシニアカーにのって、車道の脇を移動されているのを見た方もいらっしゃると思いますが、あの車両です。

スズキは、このシニアカーで圧倒的なシェアNo.1を握り、高い利益を上げています。数が少ないので、売上こそ自動車と比べれば少ないのですが、その分、世の中の関心が低く競合が現れにくいため、シェアを長い期間、独占できているのです。実際、スズキは、何十年もトップシェアを維持しています。

これは、例としては大企業の例ですが、中小企業にとってお手本になる好例です。こういった「数が少なく目立たない商品」で、密かに圧倒的なシェアをにぎり、長く高収益を得ることこそ、中小企業が目指す理想的な姿です。少ない経営資源でも、経営を安定させ、かつ、経営の自主自立性を保つことができるからです。

シェアトップは部品でも加工メーカーでも実現可能

シェアトップが高収益をもたらすことは理解できても、「ウチは加工メーカーで完成品をもたないからできない」、という企業もいます。しかし、完成品メーカーだろうが部品メーカーだろうが、あるいは加工メーカーだろうが、本質は同じです。

部品メーカーなら、例えば、パソコンです。パソコンの一部品、一つの半導体部品に、ＣＰＵというものがあります。

ＣＰＵは、パソコンの中の数多くある部品の一つに過ぎませんが、そのＣＰＵで圧倒的なシェアを持っている企業が、インテルです。インテルは部品メーカーでありながら、完成メーカーであるパソコンメーカー―さえもコントロールし、極めて高い収益を上げることに成功していることは、ご存知の方も多いでしょう。

自転車でも同じような例があります。数ある部品の中の「変速機」です。ここで圧倒的なシェアを握っているのが、日本のシマノ製作所です。インテル同様に高い部品シェアを握り、さながら自転車メーカーをコントロールして高い収益を上げています。

きちんと考えて戦略的にシェアを狙って開発していけば、部品メーカーでも加工メーカーでもシェアを取り、価格を自社で決めて、高収益を上げることは十分に可能なのです。そして、開発は、そのための強力な武器、手段になります。

繰り返しになりますが、中小企業がリスクを取って開発するからには、「**シェアNo.1を意図して取りに行く**」ことです。そして、価格を自社で決めることです。この価格を自社で決められるようにすること、これが、中小企業にとって何よりも大切なことです。

シェアが取れず、価格が決められないとどうなるか。言わずもがな、原価＋わずかな利益の価格にさせられたり、ラインを止めるよりはましと、赤字でも受注することになり、低収益に甘んじるしか無いようになってしまう訳です。

だから、我々は、リスクを取ってでも開発をするべきなのです。特に、経営基盤が弱い企業にとって、開発によってシェアを取り、収益の柱を立てて経営基盤を安定化させることは、何より大切なことです。

ところが、多くの企業が、開発テーマ選びに悪戦苦闘するうちに、開発の目的を忘れてしまい、冒頭で説明した「開発もどきな開発」をやるようになってしまうのです。

そうではなく、シェアを取る開発ができていない、そういったテーマを選定できていない企業は、まず、「シェアを取るテーマ」を選定し、その開発を成功させ、Ｎo.1商品を持つことです。それが、開発型企業を目指す最初のステップになります。これを図を使って説明すると次のようになります。

次の図は、開発型企業への道を模式的に示したものです。横軸は売上の大きさを、縦軸

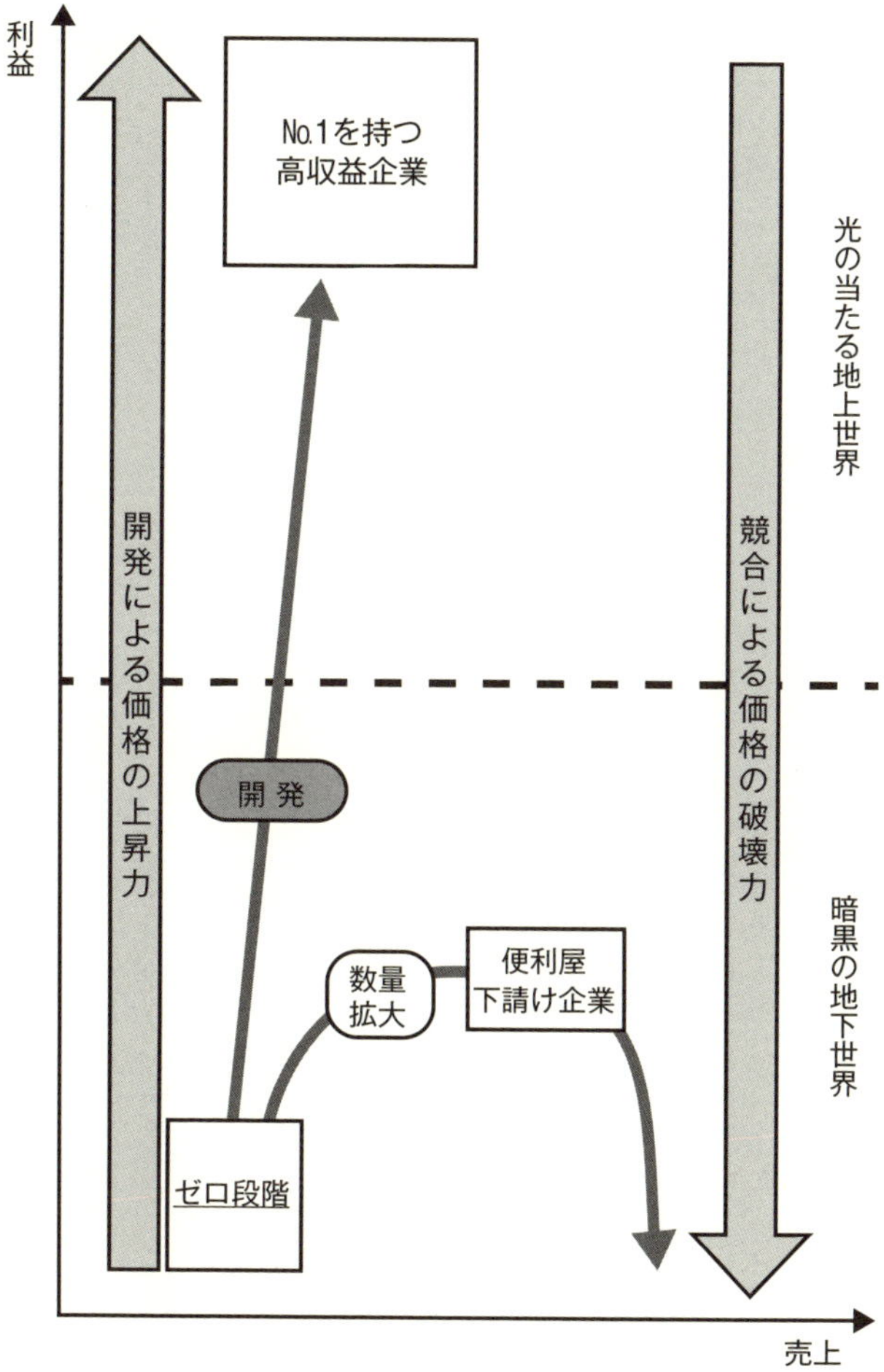

利益
No.1を持つ
高収益企業
光の当たる地上世界
開発による価格の上昇力
競合による価格の破壊力
開発
暗黒の地下世界
数量
拡大
便利屋
下請け企業
ゼロ段階
売上

は利益の大きさを示しています。

この図の最大のポイントは、既存の商品には、絶えず競合による価格破壊の力が下向きに働いているということです。

既存の商品は、一度、市場に出してからは、必ず競合が現れ、模倣品との価格競争にさらされたり、代替商品が開発されたりして、価格が下落することになります。

本当に常に、絶えず、凄まじいまでの力が働いています。絶えず、上昇して地上に出ていかないと、必ずこの力に負けて、利益の出ない暗黒の地下世界に引きずり込まれることになります。

したがって、経営者は、この強力な価格下落の力に対抗するために、絶えず、図の上側に向かう取り組みを進めなければなりません。常に上昇しなければならないのです。

そのために、中小企業が目指すべきことは、まず、シェアＮｏ.１の商品や技術を持つことになります。これによって収益の柱を立て、経営基盤を安定させることを目指すことになります。

そして、そのための**手段、武器となるのが開発**です。開発によって、価格破壊の力に対抗し、地上の光の当たる場所に出なければなりません。Ｎｏ.１商品を持たない企業は、まず、ここを目指すことです。

3、ディベロップレスで大企業に開発で勝つ

自社を襲う強力なライバル製品の登場

K社の話に戻りますが、K社には、このシェアを取りに行く重要性を理解してもらいながら、テーマ選定を進めていきました。

様々な角度から、一つ一つ的を絞っていったのですが、その過程でとんでもない情報が入ってきました。

それは、K社が製造する主力部品において、別の大手メーカーがまったく新しい部品を開発し、間もなく商品化してくるというものでした。しかも、これがK社の商品を完全に破壊する可能性を持った商品だというのです。

その開発品は、従来、鉄でできていたものをアルミに変えたものでした。狙いは軽量化です。重量を従来の鉄製から20％も軽量化していました。

この部品は、ずっと軽量化が求められていたため、K社も鉄の高強度化や形状の工夫といった対応を積み重ね、軽量化に取り組んできました。そのため、K社自身も、軽量化のニーズの強さや、軽量化の難しさを、よくわかっていました。そこへ、素材を変えること

で大幅に軽量化した部品が出てくるのです。このままでは、K社の虎の子の製品の価値が一気に下がってしまいます。

そんな動きを全くキャッチできていなかったK社は、この情報に驚くとともに、会社の存続が危ぶまれる事案だけに、K社長も大変慌てることになりました。

ここで、この話をより理解しやすくするため、少しこの部品の背景をご説明しましょう。この部品は、従来は、K社がやってきたように、複数の鉄の板をプレスした後に、溶接して完成させる部品でした。

ただ、なるべく軽量化したい部品だったため、K社をはじめ、各ライバル企業は、形状を工夫したり、鉄を高強度化させたりして、数％の軽量化を積み重ねるという、涙ぐましい努力をしていました。

もっと大幅に軽量化しようとすると、鉄よりも比重の軽いアルミの出番になるのですが、単純に鉄板をアルミ板に変えると、コストが大幅に上がってしまいます。

そもそも、アルミ板の値段が高いのに加え、溶接費が高く、しかも溶接後のアルミ板の歪みを矯正する必要もあり、アルミ板にした場合、ざっと鉄板の場合の３倍から４倍の値段になってしまいます。

そのため、アルミ板で商品化した事例はほとんどありませんでした。いくら軽くしたいといっても、そこまでのコスト増は許容できなかったのです。

アルミを使いながら、コスト増を抑えようとすると、より低コストなアルミの製造方法として、鋳造を用いる選択肢があります。

しかし、この部品は鉄板を使っている程ですから、製品の肉厚が数ミリといった非常に薄いものでした。したがって、重力鋳造と呼ばれる一般的なアルミの加工方法では、鋳造時にアルミの溶湯が冷えて固まってしまい、製品形状ができないという問題を抱えていました。

これに対して、金型の中に熱して溶けたアルミの溶湯を、高圧高速で機械的に押し込む「ダイカスト」という製法もあります。薄肉品に適した製法です。ところが、このダイカストでは、アルミの溶湯を高速で無理やり押し込むため、金型内の空気を巻き込むという欠点がありました。

製品の表面は急激に冷されて固まるため、非常にきれいに仕上がります。そのため多くのアルミ製品の製法にダイカストが適用されています。

しかし、問題は、内部です。空気を巻き込むため、製品内部には、どうしても空洞ができてしまうのです。空洞といっても、通常の製品であれば、これは特に問題はありません。

必要な強度は表面で十分に確保されるからです。

しかし、このK社が製造している部品は違いました。その部品は、人命に関わる部品だったため、外から衝撃が加わっても、簡単には壊れてはいけない部品だったのです。僅かな空洞が強度を落としてしまうため、この部品には、通常のダイカスト手法は適用できませんでした。

この状況に対して、先の大手メーカーは、ある特殊な方法で内部の空洞を無くす、まったく新しいダイカスト製法を自社で開発し、さらに、その製法で部品まで開発し、その後、商品化してきたのです。

これは、衝撃的でした。従来は不可能とされてきた、この部品へのアルミのダイカスト工法の適用を実現し、20％も軽量化しつつ、アルミ化に伴うコスト増を抑制していました。鉄製に比べると、まだコストは2倍を超えていましたが、それでも、商品に適用できるレベルまでコストを下げることに成功してきたのです。

新工法を自ら開発し製品に適用する。そして、20％もの軽量化という従来に無い大きな効果を出す。強力な差別化であり、みんながあこがれる開発です。正に、これぞ開発、Ｔｈｅ開発と呼べるものです。その発表は、業界では大きな注目を浴びることになりました。

対抗策を考えるときの手順と大前提

さて、このような状況下で、K社は大手メーカーにどう対抗すればいいでしょうか…。皆さんなら、どう対抗するでしょうか?

大手メーカーから新開発のダイカスト部品が出てきたことに対抗して、この鉄のプレスメーカーが取るべき開発は、どんな開発でしょうか?

繰り返しますが、K社は、大手メーカーから図面をもらって、指示通りに製造している会社です。しかも鉄のプレス、溶接しかやってないメーカーです。そんな中小企業のK社がどうすればいいのか、という問題です。

大事なことは、間違っても大手メーカーの真似をして、アルミダイカスト製の部品をつくるといった無謀な開発をしないことです。

大手メーカーが莫大な投資をして、総力をあげて開発したものを、中小企業が、たとえ結果が出ているからといって開発に取り組んでも、まず、最後までたどり着くことはできません。

途中で課題にぶつかり頓挫してしまいます。加えてK社は、プレス、溶接しかやったことが無いのです。畑違いの鋳造に今から乗り出して、短期間に開発が成功することなど、常識的に考えてあり得えません。

百歩譲って開発に成功できたとしても、それで先行している大手メーカーに対抗できるのか、という問題も残ります。規模が違いすぎます。とても同じ方法で対抗することはできません。まして、同じ方法で後から参入して大企業を逆転してシェアＮｏ．１を取ることなど、絶対に不可能と言えるでしょう。

中小企業は、間違ってもこんな開発に手を出してはいけません。あこがれで飯は食えません。皆があこがれる、Ｔｈｅ開発は、大企業に任せておけば良いのです。

では、Ｋ社は、鉄のプレスしかやったことが無いのですから、鉄の改良や形状の改善で何とか少しでも軽くする道を選ぶべきでしょうか？

やるべきか、やるべきではないかで言えば、それはそれで確実にできることでしょうから、まだ、やれる余地がある内は、やるべきことで、やるな、という話ではありません。

ただ、長く改善改良を続けてきた部品ですから、その余地は小さく、今回のように大幅に軽量化してきた開発に対して、対抗できるものではありません。アルミダイカスト品が主流になった時には、あっという間にシェアを失い、事業の縮小、消滅に追い込まれてしまいます。**開発もどきな開発**では、もはや太刀打ち出来ないのです。

では、どうするか？

まず、大事なことは、冒頭で説明してきたように、開発の目的、「収益を上げること」

を忘れないことです。そして、そのために、**シェアを取りにいくこと**です。

Ｋ社は、まだ、シェアＮｏ.１商品を持たない、先の図でいうとゼロ段階です。そんな段階で、最初からシェアを取れないとわかっている開発をやって対抗しても、すぐに地下深くへと転落してしまいます。

最初は、遠回りに思えても、しっかりとシェアを狙いに行くことです。経営基盤を強化し、経営の自由を手に入れるためには、その方が近道であり、唯一の道です。ここを間違ってはいけません。「鉄の改良しかできないから」と、従来の延長線上で対抗しようとしてはいけないのです。

そして、次に大事なことは、**経営資源をむやみに使わないこと**です。

開発には失敗のリスクが伴います。決してリスクがゼロになることはありません。したがって、間違っても、一度失敗したら立ち直れないような経営資源の投入の仕方をしないことです。経営資源は、万が一失敗しても、すぐに次の手が打てるレベルで投入しなければなりません。

さらに、もう一つ大事なことは、そうはいっても、**失敗のリスクは下げること**です。

いくら経営資源の投入を抑制しても、何度も失敗しては耐えられません。それに、開発者の心が折れてしまいます。失敗はしないにこしたことはありません。

他にも大事なことは、たくさんありますが、これらは当社が提唱する「ディベロップレス開発」を実現させるための、基本的な考えです。大前提と言えばご理解いただきやすいでしょう。

とにかくまず、開発テーマの選定においては、

・シェアを取りに行くこと、
・経営資源の投入は最小限にすること、
・失敗のリスクを下げること、

これらのことを強く意識することです。

以上のことを説明した後、K社とは、次のような観点で具体的に開発テーマを絞り込んでいきました。

・大手メーカーのアルミダイカスト製開発品に対抗する
・シェアを取るために、既存商品の延長線上でも、大手メーカーのモノマネでも無い、独自のやり方をとる

・シェアを取るために、商品の価値で大手メーカーの開発品を上回る
・経営資源について、人は増員ゼロ、物（設備）は新たに投入しない
・経営資源において特に重要な「時間」については、開発期間を一年以内とする

実際には、他にも細かいことがありますが、大まかに説明すると、こんなイメージです。

この時のK社の最初の反応は、

「そんなのできっこない」


でした。

しかし、非情なことを申し上げるようですが、できるできないを議論している余地はありません。できなければ大手メーカーに仕事を奪われ、会社は存続できなくなるのです。やるしかありません。K社長は、覚悟を決め、社内に号令がかけられました。そして会社存続をかけた開発に取り組むことになったのです。

ないないずくしの中で夢のような開発を実現させる

まず開発者として、一人の社員を選定することになりました。選ばれたのは、もともと技術兼営業をしていたTさんでした。

選ばれたときは、ずいぶんと尻込みしていましたが、のっぴきならない事情を汲んでもらい、Tさんを中心に進めていくことになりました。

テーマの次は、企画です。商品の価値で、どうやって大手メーカーの開発品を上回るのか、これを考えなければなりません。

Tさんにはディベロップレス開発における最も重要な、企画のやり方、考え方について、一つ一つ説明していきました。どんな製品価値にするのか、また、それをどうやって実現していくのか、フレームワーク等を使いながら、少しずつ理解を促しながら進めてもらいました。

当社では、この実践を特に重要視しています。知識や考え方を提供したとき、「頭でわかったつもり」になっていても、「実際にやろうとするとできない」、ということが頻繁に起こるからです。特に、その知識や考え方が、これまで全くやったことが無い分野の場合は、なおさらです。

聞いたときは、わかったつもりでも、実際にやろうとすると、まず、できません。自分のものとしてしっかりと消化し、その知識や考え方を使って行動できるようになるためには実践が欠かせません。ですから、Tさんには、時間がかかっても、必ず実践してもらうようにしました。

最初は、本人も戸惑うことばかりで、不安だったと思います。すぐには理解できなかったり、なかなか実践できなかったり、ということもありました。しかし、当社のフォローを受けながら何とか実践する中で、次第に考え方のポイントや、使い方に対する理解が深まり、実践できるようになっていきました。

最初は、あーでもない、こーでもないと発散していた考えも、順を追って考え方を理解していくうちに、少しずつ考えが収束していきました。

その結果、2ヶ月後には、大手メーカーの部品より、価値的に大きく上回ることができる、素晴らしい開発企画ができあがりました。

思いもよらなかった方法で、アルミダイカストよりもはるかに軽く、しかもコスト的にも安くできる方法でした。実現すれば、確実にシェアを取れるだけの価値がありました。最初は「そんなのできっこない」と言っていたTさんが、見事にシェア獲得を狙える企画を作り上げたのです。

企画ができあがれば、次は開発の実践です。限られた経営資源の中で、どうやって一年以内に開発するのか、かつ、確実に商品化を実現させるのか、そこを考え、進めていかなければなりません。

ここについても、一つ一つ考え方と進め方をTさんに説明し、実践してもらいました。その結果、現有の戦力で、一年以内に実現するための開発計画が本当に完成しました。

Tさんは、企画のときと同様で、計画づくりのときも最初はできっこない、と思っていたそうです。しかし、少しでも開発期間を短くできればと考え、真剣に取り組んでくれたのです。

ちなみに、ここでも最初、Tさんは、なかなか真に理解していません。さんざん、これはやってはいけないと説明したことを、説明を受けて間もないのに、やろうとしてしまったり、「わかりました」と元気よく言っていたのに、いざ取り掛かると、ぜんぜん分かっていなかったり。そういったことの繰り返しでした。

しかし、根気強く間違いを説明し、それに対してTさんが粘り強く実践していった結果、真に理解できるようになり、その結果、本当に1年以内でできるディベロップレスの開発計画が完成しました。

ここまで、K社に相談を受けてから8ヶ月程です。新しい考え方を真に理解して消化し、自分のものにするためには、実践が欠かせないため、どうしても時間がかかります。読者の中には、企画と計画だけで8カ月もかけて、実際開発を進めていないのに、一体何をやっているんだ？と疑問に思われる方もいるでしょう。

しかし、後ほどご説明しますが、当社ではこの下準備の部分を極めて重要視しています。開発を10倍速、しかも増員ゼロどころか、開発担当者一人でも驚くような成果を上げる「ディベロップレス開発」の成否は、まさにこの独自の「開発企画」「開発計画」という、基礎部分がしっかりできているかにかかっているからです。

K社の場合も、ここまでは時間がかかりました。その代わり、しっかりと考え方を自社のものにしてもらいました。

そして、ここからは、一直線でした。あっという間に開発が進みました。あれよあれよという間に試作品が出来上がり、これまた、あれよあれよという間に評価が完了し、気がつけば、あっという間に開発が完了し、商品化できてしまいました。

あまりにもトントン拍子に、事が進んだため、本人もあっけに取られていたぐらいです。当社からすると、狙ってやっているので、当然の結果なのですが、実践した人は、みなさん驚かれます。

とにかく、K社の開発は成功しました。最初の目標通りに、一年以内で開発に成功し、商品化ができたのです。

具体的にどんな商品を開発したのか？ 当社のセミナーでは、現物がお見せできるので、それを使って詳しく説明していますが、本では、なかなか難しいので、かいつまんで概要を説明します。

まず、材料として使ったのは、アルミのパイプです。そして、アルミのパイプを、プレスで短く切断し、それをプレスで曲げ、プレスで穴を空け、空けた穴に取り付け部品をこれまたプレスで圧入するといった方法で、これまで培ってきたプレスのノウハウを活かし、すべて冷間プレスだけで部品に成形するという方法です。

これによって、重量は鉄の半分、つまり50％軽量化し、コストは、さすがに鉄よりは高くなりましたが、数割のコストＵＰに留めることに成功しました。軽量化20％、コスト2倍超のアルミダイカストに対して、圧倒的な効果を得ることに成功したのです。当然ながら即採用となりました。

では、かかった人、物、金、時間はどうだったか？まとめたのが次の頁の表です。まず、人です。先にご説明したとおりTさん一人が中心になって開発しました。試作時などは、現場の人の手を借りてはいますが、基本的に開発はTさんだけでやっています。

これに対して、アルミダイカスト製は、大手メーカーの開発部門が総力を挙げて開発したはずですから、100名以上は関わったことでしょう。実に大きな違いです。

	人	物	時間	価値
大手メーカー	開発部門、100人以上	新型製造設備を開発	10年以上	軽量化20%、コスト2倍超
中小企業A社	増員ゼロ（担当一名）	既存設備	約1年	軽量化50%、コスト1.X倍

次に物です。アルミパイプ製は、鉄のプレス機をそのまま流用して試作、開発したので、新たな設備は特に入れていません。もちろん、量産時には、量産用の設備を入れましたが、開発時は入れていません。

一方で、アルミダイカスト製の方は、ダイカスト実験装置の新規開発、導入をやったはずです。その投資規模は、比較にならない差です。

最後に時間ですが、アルミパイプの方は、開発していた期間は正味1年くらいです。対して、ダイカストの方は、新製法の開発からですから、足掛け10年以上を費やしています。

その差は、歴然です。

こうして、K社は、大手メーカーに対して、増員ゼロで10倍速の開発ができたわけです。しかも、製品価値も圧倒しています。確実にシェアが取れる価値の高さです。経営資源の限られる中小企業が、大企業を圧倒する開発が本当にできた、ということです。きちんと考えてやれば、こういう開発ができる、ということです。

この開発に適用したのが、当社が指導している増員ゼロ10倍速開発を実現するディベロップレス開発の仕組みになります。

この開発が短期間でできたポイントは何だったのか？　読者の中には、アイデアと思った人も居るかもしれません。「アルミパイプを使う」ということを思いついた発想が決め手だったと。

しかし、キーポイントはそこではありません。そもそも、アルミパイプを使ったのは、理詰めで出した結論であって、アイデアや発想で出てきたものではありません。ポイントはもっと他にあります。

そのポイントについては、次章以降でご説明していきましょう。

第2章

儲かる開発型企業に生まれ変わるための経営視点と手順

1、社長が最初に変えなければならないこと

表面上の問題と本質的な問題

1章でご説明したように、経営資源の限られる企業は、まず商品や部品、技術でシェアNo.1を取り、収益の柱を立てることが重要となります。

ところが、いざ、開発を始めようとすると、前述したとおり様々な課題に直面します。

・開発したことが無く、何をどうしたら良いのかわからない
・それ以前に、そもそも何を開発したら良いのかわからない
・うちの社員にできるだろうか

などなど。特に、これまでずっと受け身で仕事を続けてきた、開発経験に乏しい企業は、いくら担当者に発破をかけても、自力で開発できるようになるのは、まず不可能です。なぜなら、社員の変えるためには、まず、「社長が変わらなければならない」からです。

ここは、言わば開発型企業になるための入口、基本となる部分ですが、最初に社長がわ

かっていないと、いくらディベロップレスの仕組みを説明しても、使いこなすことはできません。ですので、まず、開発型になれない多くの企業がかかえる基本的な課題の解決方法についてご説明します。

ご理解いただきやすいよう、ずっと受け身だった企業が、開発型となって生まれ変わった当社のクライアントの事例を使って、受け身企業が乗り越えるべき課題についてご説明いたします。

N社は、売上の90％以上をエンジン部品が占めている中小の部品メーカーでした。それだけならまだ良いのですが、売上のほとんどを特定の完成車メーカーに依存していました。完成車メーカーの要求に従って図面通りに製品を製造するという、これまた典型的な受け身企業だったのです。

当社が相談を受けたのは、そんなエンジン部品メーカーの2代目のN社長からでした。N社長は、当社がホームページ上で定期配信しているコラムに興味を持ち、そこからやはり定期的に行っているセミナーに参加され、そのセミナー後に、「ウチの会社を助けてほしい」と依頼を受けたのがきっかけです。

当社では、依頼を受けると、必ずまずは相手先に訪問します。そうしないと状況を正確に把握できないからです。この時もまずN社を訪ねていきました。

N社は、とある地方都市の郊外にあり、主要駅から車で向かったのですが、郊外の住宅地をしばらく走っていくと、急に何も無くなったかと思うと、視界に田んぼが広がり始めました。その中にポツンと工場らしき建物が見えます。そこが目指すN社でした。

門などは無く、道に面した駐車場の隣が事務所でした。車を降り、事務所のドアを開けると従業員が忙しそうに仕事をしています。その中の一人に話しかけると、「2階の応接にどうぞ」と案内されました。

どうやら2階が打ち合わせ場所のようです。その従業員が指した方向を見ると、人ひとりがやっと通れるくらいの細い階段があります。

「ここを登るの?」と、少し不安を覚えながらも一人で階段を上っていくと、扉の上に応接と書かれたドアが見えます。階段を登っていった勢いもあって、少々強くドアを開けてしまったため、アルミ製らしき薄いドアがきしみながら開いた後、グアングアンと大きく揺れて、大きな音が鳴り響きました。

ちょっと一瞬不安がよぎったのですが、部屋に足を踏み入れて正面を見ると、セミナーでお会いしたN社長と幹部の方と思われる人がビシッと直立して、「先生、お待ちしてました」と、おじぎされます。顔を上げると、その眼は真剣そのものです。その眼を見たとき、私の心は定まり、席につきました。

まずは、現状をお伺いすることにしたのですが、2代目のN社長から真っ先に出てきたのは、将来への不安でした。売上のほとんどを特定のエンジン部品が占め、しかも、一社依存の状態。目まぐるしく変化する自動車業界の中で、将来が不安でしかたがない。そんな中で、セミナーに参加し、これだ、と思われたそうです。この人に頼もうと。

N社長は、一通り、頼んだ理由を説明した後、現状の課題を口にされました。

「先生、うちは是非とも開発型企業になりたいんです。開発型企業になって現状の閉塞感を打破したい。」

「でもね、先生…」

N社長の話は続きます。

「開発したいのはしたいのですが、うちは大手と違って中小ですから、人がいないんですよ。人が全く足らないんです。まず、そこをどうしたら良いでしょうか?」

眼は、真剣そのものです。

この「人が足らない」は、現場でよく耳にする言葉です。しかし、何かできない理由をあげるとき、頻繁に出てくるセリフとも言えます。そして、この「人が足らない」という理由を聞かされると、もっともなことに聞こえて、つい、納得してしまいそうになりますが、本当の問題は、もっと別のところにあります。

実は、この言葉の裏には、多くの企業が開発型企業になりたくてもなれない、その本質的な問題が隠れています。皆さんは、それは、何だと思いますか？

コンサルタントの仕事をしていると、問題の解決を図るときに、発せられる言葉と問題の本質がずれている場面によく遭遇します。これもその典型です。

「人が足らない」という、この言葉を、文字通りに受け取れば、人数の問題に聞こえます。人数が少ないから開発できない、のだと。果たしてそうでしょうか？

本質はそうではありません。実は、この言葉の裏には、企業が開発に取り組む場合において、最も根幹に関わる、極めて本質的な問題が隠れています。

開発に取り組む上での、最大の障害、最大の敵とも言える巨大な障害が言葉の裏に隠れているのです。

それは、開発に取り組んでいると、必ず、絶対に、間違いなく、対峙することになるものです。開発を始めると、ずっとこれと戦うことになる、と言っても過言ではありません。まさに、開発者にとっては、天敵と呼べるものです。

開発のための人手不足の本当の理由

開発者にとっての天敵とはズバリ、「既存事業」です。開発＝新しいことに取り組むとき、最大の障害、最大の敵となるのが、この既存事業なのです。

先の「人が足らない」という問題。ここにも、実は、開発の最大の敵である既存事業が隠れています。

確かに、N社長は、「開発したい」と言っています。

でも、「人が足らない」

なぜ、こんな発言になるのか？　それは、N社長が、

「開発よりも既存事業を優先している」

からです。

N社長は、口では、開発が大事と言っています。ですが、そう言っておきながら、実は、心の中では既存事業の方が大事なのです。

開発よりも既存事業が大切。その大切な既存事業をこなすのに手一杯だから、とても開発に回す人員は居ない。そう言っているのです。

なのです。

「人が足らない」という言葉とは裏腹に、実際には、単に既存事業を優先しているだけ

断言します。**経営者の頭の中が、「開発よりも既存事業優先」になっている限り、絶対に、開発は上手くいきません。**

たとえ、無理やり開発をスタートさせたとしても、どこかで壁にぶつかったとき、必ず既存事業に潰されます。これは、長年の経験から間違いありません。開発において、既存事業は最大の障害になるのです。

逆に、開発を成功させる最強の方法があります。極論に聞こえるかもしれませんが、それは、「既存事業を全部捨てる」ことです。

「我が社は、今日から既存事業を全部捨てる。そして、社員総がかりで開発に取り組む」とした場合を想像してみてください。１００％成功するとまでは言いませんが、少なくとも開発スピードと成功確率が格段に上がることは、ご想像に難くないでしょう。なにせ、社長の本気度も、社員の本気度も桁違いに変わります。最優先に取り組みます。それしかないのですから。

おわかりいただけるでしょうか？人は、既存事業があると、どうしてもそれを優先してしまうのです。上手くいくかどうかもわからない、得体の知れないものより、確実に、今、

稼げる既存事業の方が大切なのです。

ここをどう乗り越えるか…。開発に取り組む場合は、少なくとも経営者の頭の中を開発優先に切り替え、「既存事業を捨ててでも取り組む」くらいの覚悟を持たなければなりません。

誤解しないでほしいのは、「既存事業を今すぐ全部捨てろ！」などと、無茶を言いたい訳ではありません。

開発が成功するまでには、どうしても一定の期間が必要ですし、１００％成功する訳でもありません。失敗まで考慮すると、かなりの期間を想定しておかなければなりません。ですから、開発が成功して本当に立ち上がってくるまでに既存事業を捨ててしまえば、それまで収益が無いわけですから、会社を持たせることができません。

では、どうするか？**既存事業を意図的に、計画的に廃棄すること**です。

商品ライフサイクルの中で、既存商品の売り上げが鈍化してきた時、あるいは軌道に乗り売り上げが安定して伸び出した時、この時に、苦しくても既存事業から計画的に人を抜き、新たな開発の方へ経営資源を再配分するのです。

これは、間違いなく経営者の仕事です。経営者、社長をおいてこれが他にできる人はいません。既存事業が稼いでくれている内に、経営資源を再配分して開発に振り分けること。

それが、今、製造業の経営者に求められていることです。日本を代表する企業に富士フィルムがあります。彼らが、ずっとフィルム事業に固執していたら、今頃どうなっていたか?

想像してみてください。へたをすると会社が無くなっていたか、そうでなくても相当に事業は縮小していたはずです。そうならなかったのは、新事業のための開発に投資したからです。

大事なことは、彼らは、決してフィルム事業が傾いてから新しい開発に着手したのではないということです。その前から、将来を見越して、多少無理をしてでもフィルム事業から人を抜いて、新しい開発に着手していたことです。

古い例では、アメリカのＩＢＭがあります。彼らは、もともとはハードメーカーでした。ＤＯＳ／Ｖパソコン全盛期に大きな収益を上げていたわけですが、パソコン販売では将来価格競争や市場の飽和で頭打ちになると読み、中国の企業にパソコン事業を売却、クラウドやコンサルティングの方角に見事に事業をシフトさせました。

欧州の自動車メーカーも事業を大きく変えています。日本に居ると気づきにくいのですが、欧州の自動車メーカーの環境規制ＣＯ２対策の柱は、間違いなくディーゼルエンジンでした。

ディーゼルエンジンは、ガソリンエンジンと比べて、ＣＯ２の排出量が少ないのですが、「排ガス不正事件」が起きた瞬間、彼らは、環境対策を１８０°転換しました。ディーゼルエンジンからＥＶ（電気）にシフトさせたのです。

もちろんこれも、事前に対策していなければできない芸当ですが、欧州メーカーの戦略転換の速さには、いつも目を見張らされるものがあります。世界で戦っていくためには、これくらいのスピード感を持った経営資源の再配分が必要なのです。

重要なことは、**既存事業を捨てる難しさに、企業規模の大きさは関係ない**ことです。むしろ、既存事業のスケールとしがらみの大きい大企業の方が難しいはずで、本来、規模が小さい企業の方が、戦略転換は早くできて当然なのです。

実際に、社員数名の極限られた人数しかいない企業でも、しっかりと既存事業から人を抜いて、絶えず開発している企業はありますし、逆に、大企業でも、ずっと既存事業に固執し、全く開発をやらずに、業績が停滞や衰退の道を歩んでいる企業は、たくさんあります。開発に取り組むのに、人数や企業の規模が関係しない何よりの証拠です。

それでも、「人が足らない」という理由が出てくるのは、そこに、経営者の既存事業優先の意識があるからです。経営資源の再配分を怠っているのです。

そして、そのことを悟られたくないために、原因を人数のせいにしているのです。誤解を恐れずに、もっとはっきり言えば、これは、経営者の逃げです。

繰り返しますが、経営資源の再配分の難易度に事業規模は関係ありません。そして、これからの変化の中では、この既存事業優先の意識を捨てない限り、とても生き残ってはいけないのです。

良く考えてください。

市場から退場させられるまで既存事業を続けるのか、それとも、好調な内に、計画的に既存事業を捨て、新しい事業を始めるのかを。

再度申し上げます。開発に取り組む企業には、

「既存事業優先の意識を捨て、経営資源を再配分して開発に取り組む覚悟」


まず、これが、必要になります。

2代目社長にもこのことを説明しました。そして、既存事業を捨て経営資源を再配分する覚悟が無いのなら、お手伝いの話は断ることをお伝えしました。進めたところで、成果は出ないからです。

当社は、支援している企業に成功してもらうために、そして、そんな成功企業をどんど

ん増やして世の中を良くしていくために、この仕事をしています。最初から上手くいかないとわかっていることに、ムダな時間を使う余裕はありません。

ですから、2代目が、既存事業優先から開発優先に頭の中を切り替えてくれないのであれば、「この話を降りる」そう言って、2代目に覚悟を迫ったのです。

すると、2代目は、しばらく硬い表情で黙り込んだ後、意を決したように、こう言葉を発しました。

「よくわかりました。確かに既存事業を優先していました。開発すると決めたからには、私も覚悟を決めます。既存事業から人を抜いて取り組むようにします。ですから、続けさせてください。」

2代目の、真剣な眼差しの言葉が、応接室に静かに響きました。その言葉を聞き、私も改めて腹をくくりました。

2、開発型企業になれない本当の原因

開発とは、そもそも誰の仕事か？

こうして2代目社長は、既存事業を捨てることを理解しました。人間だれしも、人から間違いを指摘されると認めたくないものです。この2代目社長がたいへん優れている所は、理解できると素直に受け入れる点です。なかなかできることでは無く、非常に尊敬できる姿勢です。

一方で、この社長には、もう一つ特徴がありました。それは、一つ理解すると、直ぐに次の問題が浮かんでくることです。このときも、直ぐに次の質問が出てきました。

「既存事業から計画的に人を移すべきことは良くわかりました。確かに、自分が間違っていました。ですから、既存事業から人を抜いてやるようにします。そこまでは、わかりました。」

「でもね先生…」話は、続きます。

「移すべきことはわかったのですが、いったい誰を移せばいいのか、うちには、開発をやってくれそうな、やる気になりそうな、そんな人財が見当たらないのです」と、次の問題が出てきました。

要約すると、社員に適材がいない、という新たな問題です。これまた、開発したことが無い企業の経営者がよく口にする典型的なフレーズです。人が足らないの次は、人が居ないという問題です。これまた、もっともらしく聞こえる理由です。そして、またしても、言葉と本質がずれている問題です。

皆さんは、おわかりでしょうか？「社員がやる気になりそうにない、やってくれそうにない」これを言葉通りに受け取れば、社員の問題ということになります。社員が悪いと。果たして、そうでしょうか？

この問題の解決策を探るとき、考えなければならないことがあります。それは、「開発とは、そもそも誰の仕事でしょうか？」という問いです。

開発とは、言うまでも無く、将来の仕事です。今の飯の種を稼いでくれているのは既存事業であり、開発は、今は、一円たりとも生み出しません。

それどころか、今は、金を食いつぶしていく存在です。それでも、やらないといけないのです。なぜか？

それは、将来がなくなるからです。

将来のために、たとえ今は一円どころか一銭さえ生み出さなくても、先にお金を使い、将来の飯の種を撒き、育てていかなければならないのです。

この先に「お金を使う」というのが、高い高いハードルになります。今は、一銭にもならない。しかも、失敗するかもしれない。将来もお金にならないかもしれない。それでも先にお金を投入しなければならない。そういう話です。

こういったお金の投入の仕方を「投資」と呼びます。そうです。開発とは、「未来への投資」なのです。

そして、この投資という概念の理解が難しいのです。特にサラリーマン、一般社員には、まず、真に理解することはほとんど不可能です。

彼らは、毎月決まった給料をもらっています。決められた仕事をして、その決められた労働対価をもらっています。何かにお金を使うとき、その給料の中から支払っています。当たり前のことですが、彼らが何かお金を使う時、「先に収入があって、そこから支出する」のです。

こういう環境にある彼らは、売上もないうちから、しかも、上手くいくかどうかもわからないのに、先にお金を投入する感覚は、たとえ頭では理解しても、真に肌感覚としては理解できないのです。

そういったものに投資する判断を下す「恐怖」は、到底理解できないし、実感もわかないし、いざ、そういった場面に直面すると耐えることができません。たとえ、頭ではわかっていたとしても、行動に移すことはできないのです。

では、不確実な未来に向かって、投資判断ができるのは、投資の恐怖に打ち勝ち判断できるのは、誰でしょうか？

そうです。それは、言うまでも無く、社長であり、経営者です。投資判断ができるのは、社長や経営者をおいて他に居ません。

さらに、会社の将来、未来に責任を持っているのは、誰でしょうか？

これまた、社長であり、経営者です。

開発とは、未来への投資であり、それができるのは、社長なのです。

つまり、本来、開発とは、社長の仕事なのです。

社員は、今の仕事すなわち既存事業に責任を持ち、一生懸命に仕事をしています。彼らに会社の将来に対する投資を考えることはできません。ですから、「**社員が開発に関心を示さない、やる気にならないのは当然のこと**」なのです。これは、社員の課題ではなく、社長の課題だからです。

したがって社長は、社員に開発をやれと言う前に、まず、開発しなければならない理由を示す必要があります。社長が、自分の課題として、既存事業だけを続けていては危ないという厳しい現状と将来予測、危機感を社員にきっちり見える形で示さなければなりません。

そして、それで終わりではありません。危機感を示しただけでは、社員はシュンとしてしまいます。シュンとさせただけでは、どうにもなりません。動き出すためには、やる気を持ってもらうためには、そこからさらに、進むべき方向を示す必要があります。

この二つを社長は、自分の責任として、社員に示さなければなりません。この自分の役割を果たさずに、問題を社員に転嫁していては、永久に開発などできないのです。

社長は、会社の未来に責任を持って、きちんと方向性を示すこと。その上で、しっかり投資することです。

2代目社長にもこのことを説明しました。すると、「よくわかりました。私が悪かったんですね。まずは、私が何を開発すべきか示すことですね。」

とても理解の早い、優れた社長です。ところが、一つ解決すると、また、次の問題が出てきます。

「でもね、先生…。ところでうちは、いったい何を開発したら良いのでしょう？」

技術力への自負が阻害する

「何を開発したら良いのかわからない」――ずっと受け身で、製品や商品を作ってきた企業が抱える典型的な問題です。

受け身、下請けばかりで利益が出ず、抜け出すために開発したい。でも、何を開発したら良いのかわからず、しかたなく下請けを続けている。

これが、多くの日本の中小製造業の実態です。2代目社長もここを何とかしたくて当社に依頼してきたのです。ですから、「何を開発したら良いのか？」という質問は、当然と言えば当然の質問です。

ただ、このときの2代目の言葉の裏側には、技術系の製造業によく見られる、開発型になることを阻害する、「ある心理」が見えました。

それは、「何を開発したら良いかさえわかれば開発してみせる」という心理です。そういった心理が感じ取れました。

実は、社長がこのような心の持ちようでは、決して開発型企業にはなれません。そのため、2代目に対して、この点を指摘することにしました。

受け身、下請けを続けてきた企業は、度重なる顧客の要求や、競合との激しい獲得競争を勝ち抜いているため、技術力は非常に高いものがあります。それゆえに、何を開発したら良いかさえわかれば、開発して見せる、といった自信があります。しかし、この自信が問題なのです。

そもそも「製造の技術開発力はある、でも開発型企業にはなれない」これは、なぜなのか、ということです。技術開発力があるのであれば、自力で商品を開発すればいいはずです。

答えは、簡単です。「技術開発力だけでは、商品開発はできないから」です。技術開発力以外に開発型企業になるために真に必要なことがもう一つあるのです。式で表現すると、次のようになります。

商品開発力 ＝ 企画力 × 技術開発力

そうです。商品開発には、技術開発力だけではなく、企画力が必要なのです。ここで、いま上の部分が商品開発力になっているので、「そりゃ、企画力が要るよな」と、すぐにわかる人も多いと思います。

ところが、この上の部分を、例えば、パーツ的な「部品開発力」や「加工技術開発力」にしたら、どうでしょうか？　とたんに、「企画力」なんて必要ないと思う人が続出するのです。ここが怖いところです。

式の上の部分は、商品だろうが、部品だろうが、加工技術だろうが、本質は変わりません。いずれにしろ企画が必要なのです。最初にどんな製品・商品をつくるのかを考えれる体質があるかどうか、これが開発型企業か、下請けかを明確に分けるのです。

少なくとも、どんな部品を開発するのか、どんな加工技術を開発するのか、きちんと企画しなければ、開発は始まらないのです。

さらに言えば、この式のミソは、掛け算になっているところです。つまり、企画力＝0では、商品開発力も0になってしまう点がポイントです。商品開発は、企画なしには成立しないからです。

部品や加工でもまったく同じです。それにも係わらず、ろくに企画もせずに開発に突入する企業は後を絶ちません。そんなばかな、と思われる方もいるかもしれませんが事実です。「面白そうな技術だからなんか使えるだろう」とか、「流行りの技術だし、きっと売れる商品が作れるに違いない」…など、これらは、すべて企画せずに開発に突っ込む典型例です。その結果は、まず間違いなく失敗に終わります。

商品、部品、加工技術の開発には、企画が絶対に必要です。絶対です。

「企画無き開発は暴挙」なのです。

技術系企業にとって不都合な2つの真実

はっきり申し上げて、「何を開発したらいいのか教えてくれ」という心持ちでは、永久に開発型企業にはなれません。何を開発したら良いのかを自分で考えること。企画を自分事として捉えること。これが、開発型企業になるために欠かせない、乗り越えなければならない第一歩です。

繰り返します。**企画は自社の仕事、自分の仕事と自覚すること**です。開発型企業になるためには、これが欠かせません。技術開発力に自信を持つ、技術系製造企業は、まず、ここを乗り越えなければなりません。

これに加えて、先ほどの式にはもう一つ、技術系企業にとって不都合な真実があります。先ほどの式を単純に見ると、商品開発力に対して、企画力と技術開発力は、同じ影響力をもっているように見えます。

ところが、現実は異なります。両者の影響力には差があるのです。まず、簡単なところから説明すると、「企画は、開発の上流に位置する」ということです。企画が無ければ、開発はできないからです。

何を開発するのか？どうやって開発するのか？これらのこと、少なくともその大枠は、企画で決めます。したがって、開発を左右するのは企画であり、開発を動かすのも企画になります。もっと言うと、開発の主導権を握るのは企画者であり、誰かが企画した開発に参加することは、すなわち、主導権は持てない下請けになるということです。

さらに、企画と開発力の影響力の差を知るために、理解しなければならない、もう一つの観点があります。それは、どちらが開発の目的である収益に対して、より直結しているか？という点です。

ここを理解するために、まず、はっきり認識しなければならないのは、「我社の利益の源泉は、どこにあるのか？」という問いです。

それは、言うまでも無く、我々の商品や部品、加工、技術を買ってくれるお客様です。

では、そのお客様と直結し、お客様が欲しいものを考え出すのは、どこでしょうか？

これまた、言うまでも無く、企画です。

企画が、お客様が欲しいものを考え出し、開発は、その企画をできるだけ忠実に実現できるようにする。そういった関係にあります。

お客様にとって、自分達が欲しいものを考え出してくれるのは、企画です。お客様は、それに対してお金を払います。

それに対して、開発は、お客様にとって遠い存在です。開発が何をやってくれているかなんて、お客様からすればどうでもよく、開発工程そのものに価値を感じることはできません。したがって、そこにはあまりお金を使わない、お金が回らないことになります。お客様にとって、開発よりも企画のほうが身近であり、付加価値を生んでいる工程なのです。これを、イメージで示したのが、次頁の図です。

企画、開発、製造、流通、販売と、商品を考えお客様に提供するまでの一連の工程と、お客様からの距離とお客様にとっての価値をイメージ化するとこうなります。

欲しいものを考えてくれた企画と、それを伝え教えてくれた販売が、お客様にとって、身近な存在であり、付加価値の高い存在なのです。開発は、お客様から遠く、見えにくいのです。

さらに、製造となると、お客様からは全く見えません。そのため、極端な場合、「どこでもいいから安くやってくれれば良い存在」にされてしまいます。そこまでいかなくても、お客様に対して、付加価値を生んでいるのは、製造よりも開発、開発よりも企画ということです。

例外はあります。企画よりも開発、製造の方が付加価値が高い場合です。それは、戦後の日本など、モノが無い時代です。生活に欠かせない物資が不足した世の中では、とにかくモノが欲しい状態です。作れば売れる、そんな製造業にとっては夢のような時代がかつてはありました。

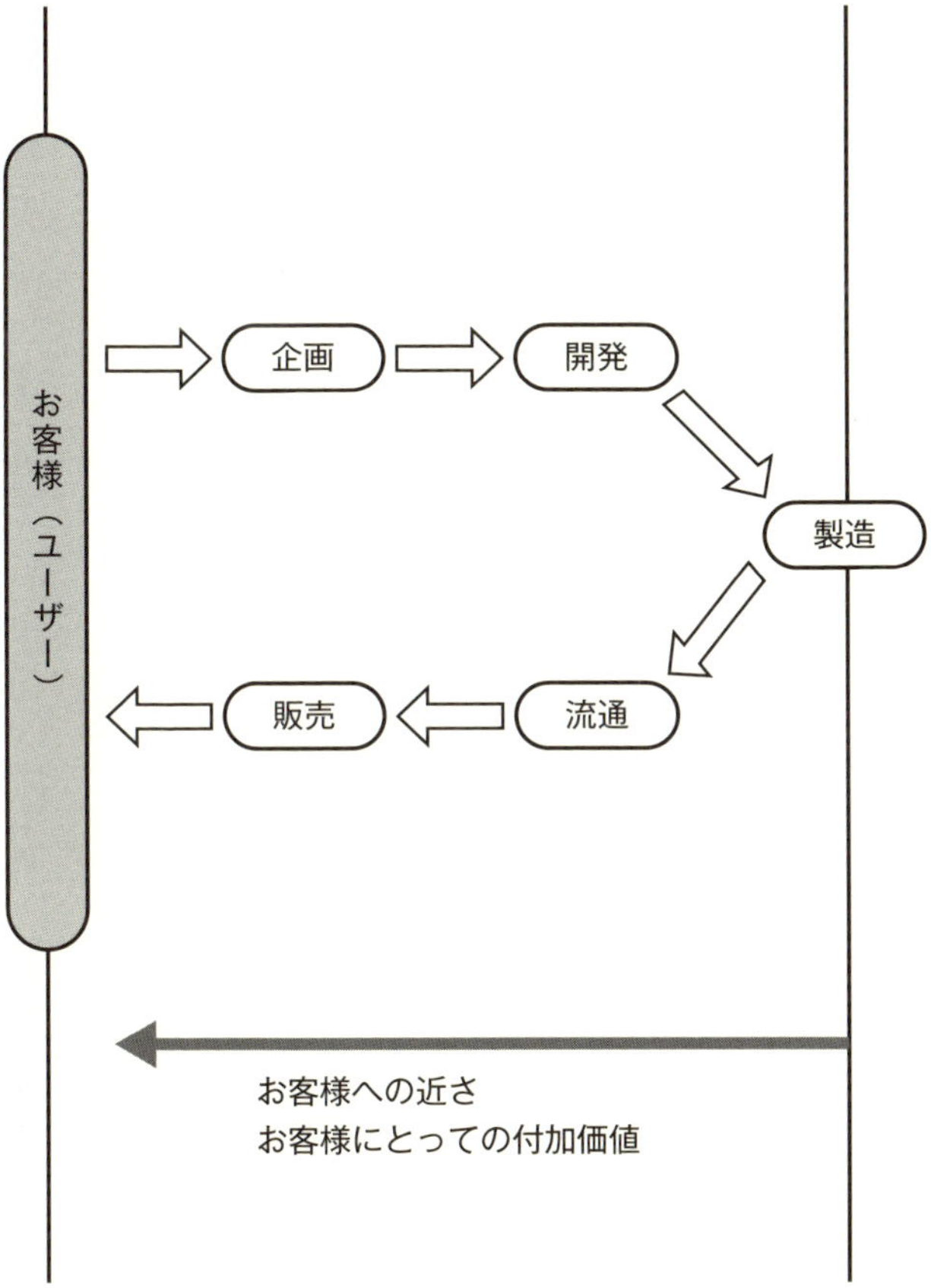

図．商品を考え届けるまでの工程と付加価値の関係

モノが無い状況では、製造が一番儲かります。「何を造るか？」よりも、「造ること」そのものの方が貴重だからです。当然、お金もそこに集まることになります。

ところが、現代は、モノが行き渡っている時代です。生活必需品は、どこからでも手に入ります。モノが満たされた時代です。そんな時代は、「造ること」よりも、「何を造るか？」に価値があります。

そして、この流れは、先進国だけではなく世界中で起きていることです。まだ、世界には、モノが無い国が残っているかもしれませんが、いずれ、モノは満たされていきます。モノを提供する会社は世界中にたくさんあるので、満たされてくペースも加速していきます。これからの時代は、「何を造るか？」「何を開発するか？」にこそ大きな価値があり、それはますます加速するのです。

話を戻しますが、ここまで説明してきたように、開発を動かすのは、企画です。そして、お客様にとって価値をより多く生んでいるのも企画であり、企画者が最大の利益を得ます。製造や開発ではありません。

自ら開発、提案する高収益企業になるためには、企画を自分ごととすること。これが、開発型企業になるための基本中の基本、基本のキです。

新ものづくり経営ディベロッププレスとは

いかがでしょうか？　当たり前に聞こえた人、かなりの衝撃を受けた人。様々な反応があると思います。しかし、この話はこれで終わりません。さらに、もう一つ、開発における技術者、技術系企業にとっての不都合な真実があります。

先ほどの式、商品開発力＝企画力×技術開発力は、掛け算になっているのがミソでした。そのため、企画力＝０では、商品開発力＝０になると。では、技術開発力＝０の場合、どうなるでしょうか？

当然、掛け算ですから、商品開発＝０になる、当たり前ですよね？　ところが、必ずしもそうならないのです。それが、次の真実です。

「優れた企画は、開発を不要にする」

優れた企画では、たとえ開発力＝０でも、商品開発ができてしまう、ということです。それほどまでに企画の力は、強力です。

良い例が、１章で説明した、鉄のプレスメーカーＫ社の開発部品です。優れた企画で開発を不要にしています。

全く開発していないかといえば、そうではありません。実際の商品化では、それなりに苦労しています。しかし、実際に限られた経営資源の中で開発ができたように、一般的にイメージされるような人、物、金、時間を投入した開発はしていません。優れた企画でそれを可能にしたのです。

開発型企業を目指す社長は、このことをよく理解しておく必要があります。ここを意識せずに商品開発をただ技術者に任せると、技術開発力だけで何とかしようとして、大失敗をすることになります。

繰り返しますが、商品開発力＝企画力×技術開発力です。そして、企画力と技術開発力では、企画力のウェイトが圧倒的に高いのです。ここを意識しておかないと、企画無き開発の暴挙に走るか、技術開発力だけで何とかしようとして、新技術開発に走り、たいへんな人、物、金、時間を浪費することになります。

ここまで説明すると、弊社がお薦めしている「新ものづくり経営ディベロップレス」の概念が説明できるようになります。

先程の各工程が生む付加価値の図を思い出して下さい。このどの工程がより多くの価値を生んでいるかに着目して考え出された有名な経営スタイルがあります。「ファブレス」です。

最も付加価値を生まない、最も儲からない製造工程は、外注するか、社内でやるにしてもあまり手間をかけないようにする。そうしておいて、自社は、高い付加価値を生む、企画、開発、販売に力を入れ、高収益を上げる経営スタイルです。

有名な所では、アップル社が、このスタイルを用いていています。製造は、そのほとんどを世界中で最も低コストでできる企業に外注し、自社は、付加価値を生んで儲かる企画、開発、販売に集中し、高収益を上げています。ファブレス企業の典型です。

儲からない製造は、どんどん外部に出しますが、企画、開発、販売は、絶対に外部に出すことはありません。まさに、工程と付加価値の関係をきちんと理解し、戦略的にビジネスを展開している好例です。では、ディベロップレスとは何か？

勘のするどい読者は気づかれたかもしれません。そうです。先ほどの商品化の各工程の中で「一番儲かるのはどこか？」ということです。何度も説明しているように、それは、企画です。であれば、企画に集中して更なる高収益を目指せば良いのです。

弊社が薦めるディベロップレスとは、一番儲かる企画に集中し、その優れた企画によって開発さえも動かす。そういったものづくりの新しい経営スタイルです。

誤解しないでほしいのは、何も、開発や製造をするな、と言っているわけではありません。経営資源の配分を考える時に、最も大きな経営資源を企画に投入せよ、と言っているのです。結果的に、それが最も収益性を向上させ、かつ、人、物、金、時間の経営資源を使わずに済むのです。

特に、時間という今最も貴重な経営資源を劇的に減らすことができます。これこそが、経営資源の限られる中小ものづくり企業が取るべき経営スタイルだということです。1章で説明したK社の開発品は、正に、これを実践した形です。

時代は、ファブレスからディベロップレスへ。それが、長く低迷する、日本のものづくりが復活する鍵です。

ここまで説明すると、技術者や技術系企業の人は、がっかりされているかもしれません。しかし、落胆する必要はありません。もう一つ面白い真実があります。それは、開発を不要にするほどの優れた企画、その企画を立てられるのは、誰か？ということです。ここに、重要かつ見逃せない真実があります。

「優れた企画は、技術を知らなければ立てられない」

すごく当たり前のことですが、技術を知らない人に技術開発の要らない企画は立てられない、技術開発の要・不要は、わからない、ということです。

国際競争の中を長く生き残ってこられた製造業には、間違いなく優れた技術知見がある。それを使って優れた企画を作ることができる。本来、最も技術を知っている、皆さんの会社が、最も優れた企画を立てることができるのです。

それを、「うちにはこんな技術があるんだけど、何か作れないか、商品に使えないか？」と、企画を外部に頼るのは、あまりにももったいない。

企画を外部に頼る行為とは、大きな儲けにつながる技術情報をタダで提供したうえに、自分たちは、最も儲からない製造を奴隷のように必死に行って、低収益に甘んじようとする行為ということです。

そうではなく、自分たちが一番知っているのだから、自分たちで企画する。この意識が会社の収益の良し悪しを決める大きな大きな分岐点です。少なくともこの本の読者の方が、この分岐で間違った選択をしないことを切に祈っています。

技術を熟知している技術者が、商品を企画、開発し、会社を大きく成長させた例は、ソニーやホンダ、京セラ、日本電産など、日本にもたくさんあります。

現代は、技術がどんどん高度化し、変化のスピードも高速化しています。そんな中で、技術を知らずに優れた企画は立てられないのです。そのことに、少しでも早く気付いてほしい、心からそう思うのです。

3、下請け企業を変えた一枚の魔法の紙

情報が集まらない本当の理由

じっと話を聞いていた2代目社長は、かなりの衝撃を受けているようでした。さすがに今度は、消化するのに時間がかかったようです。ただ、しばらくすると、表情が変わりました。

「なるほど。企画を自分事としてやらないといけないんですね。そればかりか、企画に最も力を入れないといけない。とてもよくわかりました。」

しばらく間をおいて、「早速、企画したいと思うのですが…」

「でもね、先生」

またまたきました。得意のセリフです。

「企画したいと思うのですが、うちには、企画しようにも情報が無いんです。大手さんと違って情報が集まらないのです。方向を定めようにも、企画しようにも、情報がありま

せん。情報の集め方を教えて頂けませんか?」

こうおっしゃられるので、「ちなみに、どんな方向を考えているんですか?」と尋ねました。すると、

「うちは、エンジン依存で、これからエンジンがどうなるのか不安なので、エンジン以外を考えたい。それから、一社依存だから、そこからも抜け出したい。それから、自動車もどうなるか分からないから、脱自動車も考えたい。」

2代目社長の言葉はさらに続きます。

「そう言えば、ロボット産業なんか良いですよね。そもそも製造業がどうなるかわからないから、脱製造業も考えたい。とにかく、伸びる市場に行きたいんです。」

なるほど、情報が集まらないわけです。またしても、問題の本質と言葉がずれています。しかし、原因をストレートに伝えても理解してもらえないと思ったので、少し意地悪をすることにしました。

「なるほど、情報の集め方がわからないのですね?」

「そうです。」と2代目。

「ならば、情報の集め方が非常に得意な人たちを知っていますよ。お教えしましょうか?」

「本当ですか?是非、お願いします。」と2代目。

「身近な所にたくさん居ますよ。女子高生たちです。彼女たちはすごいですよ。世界中から、スマホ一つでありとあらゆる情報を集めてきます。ネット検索だけでなく、SNSまで駆使して、旬な情報を瞬時に集めてきます。とても私なんかかないません。情報の集め方がわからないんだったら、彼女たちに頼めばいいじゃないですか」と。

さすがに温厚な2代目も、ぶぜんとした表情になりました。

「いくらなんでも馬鹿にしないで下さい。確かに彼女たちは、情報の集め方は上手いかもしれませんが、彼女たちは、どんな情報を集めてくればいいのか、わからないじゃないですか？」

狙い通りでした。今のが答えだと言うと2代目に「？」の表情が浮かびました。

「今、あなたが、あなたの問題の答えを自分で言いましたよ。情報の集め方がわからないと言うから、情報の集め方が得意な人を教えました。するとあなたは、彼女たちは、どんな情報を集めたら良いのかわからないでしょと言いました。それが、答えですよ」

つまり、情報の集め方がわからないのでは無く、どんな情報を集めたらいいのかがわからないことが問題だとお伝えしたのです。

今時、かなりの情報がネット上にあふれています。技術情報も含め、相当に専門的な情報もあり、情報が無くてどうにもならないということは、非常にまれです。そこに、大手と中小の差は無くなってきています。

それにも関わらず、多くの企業で情報が無いと思っているのは、情報が無いのでは無く、大量にあふれる情報の中から、適切な情報を選び出せていないだけなのです。つまり、

情報が無いから方向が定まらないのでは無く、方向を定めないから情報を選べないのです。

何だか、ニワトリが先かタマゴが先かの議論に聞こえるかもしれませんが、解決方法は、仮で良いから方向を決めて、それに関する情報を集めて検証し、修正をかけていくこと、これをやらなければなりません。それをせずに、漠然と何か良い情報は無いかと探し回っても、情報に振り回されるばかりで、いつまでたっても方向が定まらないことになってしまいます。

2代目にこのことをお伝えすると、非常に合点のいった顔をされていました。1章で説明したように、開発を始めるに当たっては、最初が極めて肝心です。最初というのは、何を開発するのか、つまりは開発テーマの選定です。ここで、間違うと、後から軌道修正するのは、至難の業だからです。

羅針盤シートの力

開発においては何としても、適切なテーマ選定をする必要があります。当社では、適切な開発テーマを選定するために、技術を中心に自社を取り巻く様々な世の中の変化を整理し、それに基づいた開発テーマの選定を推奨しています。

そのために、少なくとも10年後までの世の中の変化の予測をまとめた羅針盤シートを作るように指導しています。自社が進む方向、開発すべき方向を示す、羅針盤となるシートです。「**羅針盤を持たずに、開発という荒波に乗り出すな**」クライアントの皆さんには、そうお伝えしています。

2代目社長ともこの羅針盤シートを作成しました。まずは、この会社の場合、エンジンが今後どうなっていくのかが重要ですから、エンジンの動向についてまとめました。すると、たいへんなことがわかりました。

守秘義務がありますので、詳しいことは書けませんが、このまま従来の延長線上でエンジン部品の改良を続けていては、長くは生き残れない、というリスクが明確に示されていたのです。

2代目社長が、その結果を見たとき、目の色がみるみる変わっていったのを昨日のことのように覚えています。

「これは、急がないと…」

腹の底から押し出すように、また、自身に言い聞かせるように、そう言葉を出していました。

それから、3ケ月ほどかけて、さらに、ではどういう方向に進むべきか、その変化についても羅針盤シートにまとめました。その上で、このままではまずい、という情報と、こちらに進むべきという情報を20年以上先までまとめた、羅針盤シートを作成しました。

こう書くと、非常に簡単そうに聞こえるかもしれませんが、実際には、決して簡単なものではありません。

クライアントの皆さんには、作成する前に、作り方、調べ方、考え方、作成例…、これらすべてを説明し、それから作ってもらっていますが、これまで、最初から曲がりなりにも実用に耐えるものができたことは、残念ながら、一度たりともありません。それくらい難しいものです。

ある時は、情報のただの羅列になっていて、「だから何なの?」という状態になっていたり、またある時は、過去5年くらいの情報と直近1、2年の予測情報がほとんどで、今、自分達が置かれている状況や世の中から遅れていることはわかっても、その先のことはわからない、そういった状態のものが出来上がったりしていました。こうなると、世の中の後追いとなり、シェアを狙う開発などできなくなります。

羅針盤シートには、今、見えている世界の外側を描いてこそ、利用価値があるのです。ちなみに、羅針盤シートの概念と似たものに、外部環境分析のＰＥＳＴや、将来の進む方向を示すロードマップなどがありますが、羅針盤は、これらのさらに上位の概念になるものです。

羅針盤があれば、それをベースにして容易にＰＥＳＴやロードマップを作成することができます。一方で、逆にＰＥＳＴやロードマップがあったからといって、または作成した経験やスキルがあるからといって、簡単に羅針盤シートが作れるものではありません。羅針盤の作成には、情報を読み解く、より高度なスキルが要求されます。経験とカンがものをいう世界です。

２代目社長も、何度もさ迷いそうになりましたが、その度に、正しい方向へと進むようにサポートし、一歩ずつ作成していきました。そして、遂に、実用的なシートを完成させることができたのです。

それから、その羅針盤シートを開発リーダーに任命した社員に示しました。開発に取り組むとき、なぜ、取り組むべきか？を社員に示すことは極めて重要です。これをしない限りは、社員は本気になりません。このとき大切なことは、危機感だけを示すのではなく、きちんと進むべき方向まで、経営者が社員に示すことです。

そして、その役割を果たすのが、羅針盤シートです。逆に言うと、シートを社員が見てもピンと来ない、動こうとしないようなものは、使い物になりません。2代目と作ったシートは、しっかりとこの役目を果たしてくれました。

2代目は、ある一人の技術者を既存事業から抜いて開発者に任命したのですが、その技術者に羅針盤シートを見せて説明しただけで、取り組むべき理由と取り組む方向性、その重要度を理解してくれました。きちんと作った羅針盤シートは、それだけの威力を持っています。

同社はその後、企画に続き、開発の実践に取り組み、見事に製品開発を実現され、事業の窮地を脱することに成功されたのですが、後に、2代目社長が、羅針盤シートをまじまじと見つめながら、「本当に先生に頼んで良かった。自分たちだけでは、とてもこんな凄い開発を成功させることはできなかったでしょう。本当にありがとうございます」と、涙まじりに話されたのは今でも忘れられません。

クライアントに本当に喜んでもらえる。コンサルタントとして、この時ほど、うれしい瞬間はありません。同時に、長年に渡る技術の企画、開発の経験が生かせた瞬間でもありました。

たいへんな競争の中を勝ち抜いてきた製造業の皆さんは、一度、進むべき方向が定まると、そこからは、非常に動きが速い、という特徴があります。2代目の会社も羅針盤ができて以降、怒涛の勢いで走り出しました。

皆さんも闇雲に開発に乗り出す前に、しっかりと進むべき方向を定め、適切な開発テーマを選定するようにして下さい。くれぐれも走り出してから、「しまった！」ということが無いように…。羅針盤シートは、一枚から数枚の紙ですが、「会社を変える魔法の紙」と呼ばれるほどの力を持っています。

ここまで、この章では、企画の重要性を説明してきました。

・開発型企業になるためには、何より、企画が重要であること
・開発は、社長の仕事であり、企画こそ自社の仕事であること
・開発者には、開発に取り組むべき理由と、取り組む方向性について、経営者が責任をもって示すこと
・企画においては、開発テーマの選定が極めて重要であり、ここを絶対に間違わないこと

・優れた企画は、開発を不要にするほどの力があり、企画で開発を動かすディベロップレスこそ、経営資源の限られる企業が取るべき開発手法であること

ただし、企画で開発を動かしディベロップレスを実現するためには、ただ企画すれば良いわけではありません。優れた企画が必要です。

また、優れた企画があれば、それだけで開発が動いていくものでもありません。これから、実際に、企画で開発を動かすための実務について、説明していきます。

第3章

開発で、
絶対にやってはならない
5つの間違い

1、開発を失敗させてしまう社長の3大ミス

前章では、企画の大切さを説明してきました。優れた企画で開発を動かすことで、限られた経営資源の中で素早く開発することが可能になります。では実際にどうやって、優れた企画を立て、開発を動かしていくのか。ここからは、その実務戦略について説明していきます。

ただ、その説明に入る前に、開発型になれない受け身、下請け企業が無意識にとってしまう、典型的な間違った行動について、説明したいと思います。

最初に、間違ってはいけないことを説明しておかないと、正しいことだけをお伝えしても上手くいかないケースが多いからです。

正しいことをやろうとしながら、一方では間違った行動を続けてしまい、結局、成果がでない、ということがよく起こります。怖いのは、本人が間違っていることに気付かずにやってしまうことです。これを防ぐために、実務戦略をお伝えする前に、よくある間違いについて、いくつかの事例をご紹介します。まずは、社長がやってしまう3大ミスの事例です。

①形から入る

開発が必要と感じた経営者がよくやってしまう間違い、それは、開発チームを結成したり、開発部門を設置したり、いきなり体制から整えてしまうケースです。いわゆる形から入るパターンです。まず、形が必要と考えてしまっているのですが、そうすると、どうなるでしょうか？

ここでは、そんな、いきなり開発部門を作ってしまった事例を紹介します。

Ｃ社は、既存事業が軌道に乗り、会社が順調に伸び始め、少し経営に余裕ができてきていた製造業です。

時を同じくして、既存事業の一部としてやっていた、ある開発が成功します。その開発は、既存商品の価値を向上し、市場から一定の評価をもらっていました。売れ行きも好調でうれしい状況です。

実は、その開発は、取り組んだ技術者の努力の賜物でした。経営者から指示されたわけではなく、商品を良くしたいという一心で開発したものでした。

そのため、仕組みにはなっておらず、会社の実力として開発したとは言えない状況でした。それでも、開発できたことは事実です。

Ｃ社長は考えます。

「開発とは、これ程までに儲かるものなのか。現体制でも、これだけの成果が出るんだったら、きちんとした体制を整えれば、次々と、こういった開発ができるはず。会社も成長してきたし、そろそろ開発部門が必要だろう」

そう考えたＣ社長は、いきなり独立した開発部門を設置します。配属した人員数は、絶対数こそ少ないですが、Ｃ社の企業規模からすると、十分に大きな数です。そして部門のトップには、先の開発を成功させた技術者を任命します。

普通の技術者の立場から一気に部門のトップになったため、その任命された技術者は、気が大きくなります。そして、色々な部署から集まってきた部下に対して、開口一番こう言いました。

「お前らいっちょ好きなことをやれ！」

・・・やってしまいました。

その結果、どうなったでしょうか？　配属された、真面目で、正直な、技術者たちは、本当に好きなことをやってしまったのです。Ｃ社の事業とはおよそ関係のない、例えば

C社が機械系の製造業であるにも関わらず、バイオテクノロジーの開発をやっていたりしました。

その結果、部門を作ってから5年たっても成果はゼロ。社内の他部門からは、白い目で見られ、会社の中で完全にお荷物扱いになってしまいました。

すべての始まりは、体制という形だけを作って、あとは、「好きなことやれ」とやってしまったことです。このように体制だけ作っても決して上手くいきません。経営者は、このことを肝に命じておかなければなりません。

②成果だけを求める

C社長は、お荷物になった開発部門に対して、自分で作っただけに潰すわけにもいかず、かと言って、これまでのように放任しておくわけにもいかず、何とかしなければと考えます。しかし、どうして良いのかわかりません。そこで取った行動が、「開発部門に対して徹底して成果を求める」ことでした。

機会あるごとに、開発部門に対して商品への貢献を求め、経営トップとして圧力をかけていきました。

その結果、C社の開発部門は、どんな行動を取ったか？

やり方ではなく、**結果だけを求められた**開発部門は、なんとかして商品に絡まなければ、と考えます。その結果、「他部門への支援」が始まったのです。

既存商品の品質改良やコストダウンのための技術的な支援です。その方が、早く確実に結果が出るからであり、そうして早く結果を出さないと、自分たちの部門が潰されるかもしれないと感じたからです。

そうやって取り組み始めた支援業務の中で、特に他部門から喜ばれ、結果がはっきり出たのが、品質支援業務でした。開発部門には、成果は出せていなくても、元々優秀な技術者が集まっていました。その技術力で、既存商品の品質改善や問題対策を実現していったのです。

これには、品質問題に追われていた既存事業の現場は、大喜びです。開発部門の支援のおかげで素早く的確な対策ができるようになり、それまで馬鹿にしていた開発部門に対して、感謝するようになっていきました。

読者の方は、ここまで読むと、「良かった」と思った人もいるかもしれません。

しかし、思い出して下さい。

開発部門は、何のためにあるのか？

何のために、開発するのか？

品質支援業務は、あくまで既存事業です。開発部門は、収益を増やす商品や技術の開発が本来の役割です。C社の開発部門は、このままでは取り潰しになるので、やむにやまれず品質支援業務を始めたわけですが、結論から言うと、これは開発の役割を担う開発部門が、決してやってはいけないことです。

なぜ、決してやってはいけないことなのか？

それは、その後のC社の開発部門が陥った状況を見れば、明らかです。

既存事業は、開発業務と比較して一つ一つの業務の期限が短いという特徴があります。かつやることは決まっているので、常に、すぐに取り掛かりすぐに結果を出し、また、すぐに次の業務に取り掛かるという状態にあります。まして、品質対策となれば、緊急性が極めて高く、常に、大至急の状態になります。

こういった業務を開発部門が支援し始めたら、どうなるか？

来る日も来る日も品質支援業務が優先となり、開発をやるどころではなくなってしまいます。本来、開発を担っている開発部門の役割からは、業務の優先順位は、開発＞品質対策です。ところが、緊急性では、当然、品質対策＞開発となります。

本来は、優先順位と緊急性は混同してはいけないものです。優先順位と緊急性は別物です。開発部門にとっては、あくまで開発が優先順位のトップであるはずです。開発部門の社員も、頭ではこのことがわかっています。しかし、日々、大至急、大至急となれば、品質対策を優先せざるを得なくなってしまっていたのです。

さらに、C社の開発部門の場合は、それまで、他部門から白い目で見られ、バカにされ、部の社員達は、ずっと肩身の狭い思いをしていました。それが、品質支援業務では、そんな他部門からどんどん感謝されるようになります。開発部門の社員にとって、これほどうれしいことはありません。喜んで、ますます品質支援業務をがんばるようになるという、悪循環が重なりました。

こうして、C社は、緊急性という時間軸の違いだけではなく、社員の感情面からも、どんどん、品質対策と開発とが、あべこべの優先順位になっていきました。

元々、開発に専念していても成果が出ていなかった部門です。こうなっては、開発の本業で成果が出るわけがありません。こうして、C社の開発部門はまさに、ドロ沼に陥ってしまったのです。終いには、ほぼ品質対策専業の開発部門という、わけのわからない状態になっていきました。

「それでも会社には貢献している。そのため、極端には変えられない」というC社長からすると、何ともしがたい状態になってしまいました。

このように、開発部門が既存事業の支援を始めると、開発業務を優先することが極めて難しくなります。C社を極端な例と思わないことです。緊急度の違いの問題は、必ず出てきます。本来は、緊急度=優先度では無いのですが、現場ではこの理屈は通用しません。経営者は、ここにしっかりと手を打たなければなりません。

③既存事業の仕組みを導入する

こうして、開発の成果がますます出なくなった状況に対して、C社長が次に取った行動は、開発部門のトップに、既存事業で輝かしい業績を上げたD部長を据えるというものでした。

信頼できるD部長に、お荷物開発部門の改革を託したのです。

その結果は、どうたったか?

これまた、見事に失敗しました。

なぜでしょうか?

もうおわかりだと思いますが、**開発と既存事業は、マネジメントが全く異なる**からです。

まず、既存事業ですが、これは、答えがわかっている、見えている世界です。売れることが分かっている、技術的に確立している、製造方法が確立している、できて当然の世界です。この世界では、需要が明確で競争を一歩でも半歩でも抜け出した商品を作れば売れることが分かっています。

ですので、既存の延長線上での戦い、より具体的には、品質とコストを磨く戦いになります。この戦いを勝ち抜くために、品質、製造、技術、営業と役割を明確に分け、効率的に業務を進めることになります。

一方で、開発は違います。

開発は、答えがわかっていない、見えない世界です。売れるかどうかもわからない、技術的にできるかどうかもわからない、製造もできる保証はない、そういった世界です。やることも決まっていません。極めて自由度の高い世界です。

この世界では、見えない世界をどう描き、お客様がほしがるであろう、新しい価値を考え、提案していくことが勝負となります。既存事業の延長線上ではなく、不連続な領域です。役割も何も決まっていないのですから、品質、製造、技術、営業といった機能で役割を分けることに意味はありません。そういった世界です。

このように、既存事業と開発とでは、世界が全く違います。はっきり言うと、既存事業を行うための仕組み、組織は、開発には邪魔になります。既存事業を上手くやるための仕組みや組織と、開発を上手くやるための仕組みと組織は、全く異なるのです。

それにも関わらず、既存事業の仕組み、組織、考え方の上に、開発部門を作ると、まず、上手くいかなくなります。

Ｃ社長が取った「開発部門のトップに、既存事業で輝かしい業績を上げた部長を据える」という策は、まさに、既存事業の仕組み、成功の法則を開発業務に持ち込む行為であり、結果は、「息の根を止めるがごとく」失敗に終わったのです。

以上が、Ｃ社長が取ってしまった、典型的な失敗策です。

開発を成功させるためには、形だけ作って放任するのではなく、また、単に成果を求めるのではなく、そして、既存事業の仕組みや成功の法則を持ち込むのではなく、経営者が、開発への考え方と既存事業とは異なる開発の仕組みを先に導入しなければなりません。

繰り返しますが、いきなり体制だけ整えてもだめなのです。

2、成功を遠ざける技術者のサガ

ここまでは、経営者がしてしまう間違いについて説明しました。次は、技術者がしてしまう間違いについて説明します。

なぜ、経営者向けの本で技術者の間違いを説明するのかというと、開発の失敗、間違った行動を未然に防ぐためには、経営者が、技術者がよくやってしまう間違った行動を理解する必要があるからです。

そして、意外に思われるかもしれませんが、**技術者の間違いの多くは、そのまじめさに原因がある**のです。そこに気づいていないばかりに、経営者と技術者の間で、認識の違いや理解し合えない事態が起こります。互いに良かれと思って行動しているのに、それが、互いに理解できない事態を引き起こすのです。

これから、そんな技術者のまじめさが原因で上手くいかなかったケースを説明します。技術者をマネジメントするために、経営者は、必ず理解しておいて下さい。

①開発のレベルが上がらない理由

「開発のレベルが低い」――開発に取り組む多くの経営者が抱える悩みです。開発はできているが、そのレベルが低く、なんとかしたい、という悩みです。

この悩みを抱えるほとんどの経営者は、原因は、「開発する技術者のレベルの低さ」にあると考えるでしょう。ところが実際には、こういった悩みを持つ企業の技術者は、客観的に見て「一定水準以上の高いレベルにある」という事実があります。

では、開発のレベルが低くなる原因はどこにあるのでしょうか？　実は、開発のレベルが下がる原因は、「技術者のレベルの低さ」にあるのではなく、その逆で、「技術者のレベルの高さ」にあるケースが意外なほど多くあります。

？？？意味が分からない、という人も多いと思いますので、順を追って説明します。

まず、開発を始めた時期の技術者が真っ先に求めること、あるいは真っ先に求められること、それは、「きちんと機能する、不具合の出ない製品や商品を作る」ことです。

技術者や技術組織、仕組みが未熟な内は、動作が不完全だったり、お客様に提供してから不具合が出たりするなど、未熟な製品や商品を作ってしまいがちです。当然、技術者は、これを防ごうと努力を重ねます。

様々な努力と経験を積んで実力がついてくると、ようやく、きちんと機能して不具合の出ない製品や商品が開発できるようになります。

こうして、レベルを上げた技術者が、「共通して取る行動パターン」というものがあります。それは、「取り組む前に、自分達にできると自信が持てる所まで、開発のレベルを下げようとする」ことです。

逆から言うと、できると自信が持てない開発案件に対して、拒絶するようになります。

これは、技術者がレベルを上げたからこそ取れる行動です。

そして、技術者がレベルを上げた結果として取るようになるこれらの行動が、「開発のレベルが低い」と経営者が不満を抱える状況を作りだすのです。

注意しなければならないのは、技術者がまじめに取り組もうとすればするほど、この傾向が強くなることです。

開発のレベルを下げようとする技術者は、決して能力が低いわけでも、やる気が無いわけでもありません。未熟な製品を出すわけにはいかない責任感や一種のプライドがそうさせるわけです。

開発のレベルを上げるためには、経営者は、まず、この技術者の心理を理解する必要があります。

②開発のスピードが速まらない理由

開発のレベルと同様に、技術者のレベルが上がるほど落ちていくものがあります。それは、開発のスピードです。

なぜ、技術者のレベルは上がっているのに、スピードは落ちていくのか？

レベルが上がって、技術者が手抜きをするようになったのか？

そうではありません。ここでも、原因は、技術者の「まじめさ」にあります。技術者のレベルが上がってくると、「製品や商品に不具合がでないように、きちんと時間をかけ、完璧に仕上げること」をより強く意識するようになります。

この言わば「完璧主義的な感覚」は、技術者が最も特徴的に持つ特性です。そして、この特徴こそ、開発の商品化を著しく遅くしてしまう元凶でもあるのです。

背景にあるのは、「不完全なもの、品質が保証できないものは出せない」という技術者としての想いです。ですからこの想いは、決して悪いものではありませんし、正しいようにも思えます。

しかし、ここで必ず問わなければならないことがあります。

それは、次の問いです。

・本当に、お客さんは、そこまでの品質を望んでいるのか？

・お客さんは、本当にお金を払ってまで、その品質を望んでいるのか？

この答えを求めずに、ひたすら「自分自身の理想とする完璧な品質を求める」技術者があまりにも多いのです。そういった技術者に対して、経営者は、これらの質問を投げかけなければなりません。

以上のように、経営者は、これらの技術者の特性「まじめさ」を理解し、間違った指示やマネジメントをしないようにしなければなりません。

3、ビジョン、理念は、だいじょうぶか？

混乱だらけの部品メーカー

さて、ここまで、経営者のよくある間違いと、技術者のよくある間違いを説明してきました。次は、企画・開発を始める前の会社としてのよくある間違いをご説明しましょう。コンサルタントをしていて非常によく目にする問題なのですが、代表例として、ある部品メーカーの事例を説明します。

ご相談を受け、部品メーカーＹ社を初めて訪問したのは数年前のことです。新幹線の沿線から遠く、一番近い大都市まで出るのにも2時間くらいかかる立地です。数時間かけて最寄りのＪＲの駅に着いた私は、そこから数ｋｍ離れたＹ社の本社にタクシーに乗って向かいました。Ｙ社に近づくと、だんだんと周囲には牧歌的な風景が広がります。そして、そんな風景に溶け込むように、Ｙ社の本社兼工場が立っていました。

従業員数約１００名と比較的規模の大きな会社ですが、地方ということもあり、社員は、皆さん顔見知りです。顔と名前が一致するだけではなく、住まいや生い立ちまでわかっている、そんな雰囲気の会社です。

到着後、会議室に通され座っていると、少したってY社長と技術部長が現れました。Y社長は、50代後半ですが、比較的痩せていて年齢よりも若く見えます。対して、技術部長は、これまた50代後半ですが、白髪のせいか年齢を重ねたベテランの雰囲気を醸し出しています。名刺交換を終え着座すると、まず、社長が、パンフレットを使って会社説明をしてくれました。

このとき、私は、あることに注目していました。私が会社を訪れた時に、真っ先に確認する部分です。それは、会社の理念あるいはビジョンです。

会社の理念というものは、言うまでもなく、会社経営において欠かせないものであり、必ず必要なものです。ときどき、この理念が存在しない会社に遭遇することがあります。理念が無ければ、その会社が何の会社なのか、何のために存在しているのか、わからなくなります。

これは、外部から見てもそうですが、社員から見ても同じです。社員から会社の考え、目指すべき方向が見えないため、社員はバラバラになり、まとまらなくなります。そういった会社には、とにかく、まず、理念を持つように伝えています。理念は、すべての始まり。それだけ大切なものです。

Y社が掲げていた理念は、パンフレットの目立つ部分に書いてあり、社長は、そこを示しながら少し誇らしげに説明されました。詳しくは書けませんが、おおよそ次のような、社員の幸せを追求するというようなものでした。

・社員は仲間であり、仲間を大切にしよう
・仲間と協調し、一致協力して仕事をしよう
・常に職場改善に努め、働きやすい職場にしよう

説明しながら、Y社長は、とにかく社員を大切にしたいんだ、という思いを強調されていました。それから、会社案内を一通り説明した後、Y社長は、会社の課題を次のように説明し始めました。

・既存商品だけでは尻すぼみなので、新しい商品を開発しなければと思い、少数の社員で挑戦したが、ものにならなかった
・可能性のある良い技術だったが、周りの社員が協力してくれなかった
・周りの社員は、開発に巻き込まれるのを嫌がって避けていた
・社員は、自分の仕事は真面目にやるが、それ以外のことに協力はおろか、

関心を持っててくれない
・そのうち開発担当者が孤立し、開発を続けられなくなった…

これ以外に、他の業務においても社員間のコミニュケーションが悪く、社内で様々な問題が発生しており、社長は、その問題の解決に日々奔走しているとのことでした。

詳しく聞くと、社員は、社内の動向にはとても敏感で、社内政治が盛んに行われていることが伺えました。そして、何か問題があると、あっちが悪い、そっちが悪い…と。先に「掲げていた理念」とは、全く正反対の状態です。

社長は、理念を実現しようと、社内の問題の解決に頭を悩ませていて、ほとんど外には出ず、ずっと会社に居ました。そんな状態なので、社長は、

「開発はしたいが、それどころでは無い状況です。やっぱり、社内の問題が解決してから、先生にご相談したほうが良いですよね？」そう尋ねられました。

この質問に対して、次のようにお伝えしました。

「現状のままでは、開発はおろか、社内の問題も永遠に解決できませんよ。一つ解決してもすぐに次の問題が発生し、もぐらたたきのように、永久に社内の問題を叩き続けることになります。」

「確かにそのとおりです。社内の問題は、次から次と発生します。このままでは、永久に開発に着手する余裕はできません。しかし、社内の問題を放置するわけにもいきません。一体、どうしたら良いのでしょうか？」と社長がたずねます。

「まずは、理念を変えるべきですね。」と答えました。

「え？」

社長はなぜ、ここで理念の話が出てくるのか、戸惑っていましたが、しばらくして、「理念は変えたくありません。私は、社員の幸せを追求したいんです。そのために会社を経営している。変えたら、それこそ、会社がおかしくなります。それに、社内問題の発生や開発できないことと、理念は無関係でしょう」と。

読者のみなさんは、どう思われますか？

恐らく、社長の主張はもっともだと思われている人が多いと思います。中には、「社長が、社員の幸せを追求するとは、今どき立派な会社だ。それを否定するとは何事か」と憤慨される方もいらっしゃるかもしれません。社長もそう思ったのでしょう。すぐに反論してきました。理念を定めた本人ですから、当然と言えば当然の反応です。

掲げた理念の大きな問題点

反論されてきた社長に対して、私は次のように伝えました。

「何も、社員の幸せの追求という精神を変えろ、と言っている訳ではありません。それは、大切なことで変えないで下さい。ただし、社内のことは、一旦後回しにしてください」…と。

再び「え?」と社長。

「社員の幸せの追求として、職場環境の改善は大切です。ただし、それ以前に、社員の幸せの実現のために、追求すべきことがあります。そこが無いために、結局、職場環境も良くならないのです」…と。

一呼吸おいてから、さらに続けました。

「社長が必死に職場環境の改善に奔走しても、大きな効果が得られていないのが、何よりの証拠でしょう。社内のことでは無く、会社が社員を幸せにするために、真っ先に考えなければいけないことがあるんです。何だかわかりますか?」

これに社長もくらいついてきました。

「わかってますよ、利益だと言いたいんでしょう。確かに利益は大切です。赤字では、いくら職場環境の改善に努めても、みんな幸せを感じることはできません。そこはわかっています。利益が出るように、営業に発破をかけて何とか仕事を確保しています。利益は少ないですが、ずっと黒字を維持しています。だから、問題ないはずです」…と。

社長の反論を聞き終えてから、私はゆっくり申し上げました。

「その利益は、誰からもたらされているのでしょうか？」

「それは、取引先、当社のお客様からです」と社長。

「その御社にとって大切な大切なお客様が、今の理念には、全く登場していませんよ。まるで、お客様のことは気にせず、とにかく社内を円滑にしよう、と呼びかけているように読めますが…」

社長は、少し、はっとしながら、しばらく考え込み、そして、ようやく気づいてくれました。

開発型企業になろうとしてもなれない、受け身、下請けが染みついている企業が無意識にとってしまう典型的な間違い。その代表的なものが、この「社内ばかり気にして、社外を見ない」なのです。

分かりやすい似たような例があります。たとえば、入社するときは目を輝かせて入ってきた新入社員が、時間がたつと目の輝きを失っているという場面です。

最初は、みんな、目を輝かせながら出社していたのに、数か月、あるいは、数年たつと、社員の目の輝きは失われ、死んだような目になってしまう。

実は、その原因の一つも、「会社の外側からの視点を忘れてしまうこと」にあります。入社時は、当然ながら外から入ってきますので、誰もが会社を外から見る視点をもってやってきます。

この会社はこういう仕事をして社会に貢献している、この会社は商品やサービスでこんなお客さんを喜ばせている、などなど。そして、自分が会社の一員となって、社会に、お客様に、貢献する姿を思い浮かべて目を輝かせます。見つめる先には、社会やお客様といった、外部があります。

ところが、会社に入って年月を経てくると、社内から会社を見るようになります。社内や配属先での自分の役割は何か？　上司が求めているものは？　他部署との関係は？などなど。上司を喜ばせようと必死にがんばっている内に、いつしか視野がどんどん狭くなっていきます。

そうして、何のために働いているのかわからなくなり、目の輝きが失われていってしまうのです。死んだような目で見つめる先、そこに写っているのは、上司やその周辺といった、会社の内部だけだったりします。

QCDの弊害

また、同様のケースに、コストダウン、品質改善、納期短縮ばかりを進めるというものがあります。いわゆるＱＣＤ(Quality Cost Delivery)です。

社内しか見ていない、見えていないので、自分の仕事の効率向上にしか目が行きません。その結果、コストダウン、品質改善、納期短縮…といった、ＱＣＤを磨くことばかりを続けます。

放っておいても受注が増えている時ならこれでも行けますが、既存の商品や技術の需要が伸びなくなったり、もはや必要無くなった状態で、いくらＱＣＤを改善しても、収益は良くなりません。

社内に問題が噴出すると、どうしても経営者はそれに対応しようとします。社内に貼り付き、問題の原因を探って対策を打ち、結果を分析し、さらなる対策を打ちます。そうやって社内に釘付けになっていきます。

経営者がそういう行動をしていると、社員はそれを見ているだけに、当然みんな社内ばかり見るようになってしまいます。もしここで、理念として掲げているものに社内のことばかりが書いてあると、この流れに拍車がかかります。

経営者を始め、社員の関心は、常に社内にあり、社内の円滑化を目指すことになります。

これで、社内の円滑化が正しい方向にいけば良いですが、実際には逆の方向に進みます。自分の組織、所属、テリトリーを守る、他の人や組織には干渉しない、干渉させない、事なかれ主義、馴れ合い、社内政治の横行などが起こります。

なぜ、こんなことが起こるのか？

それは、社内を優先ばかりして、社内ばかり見ているからです。社内のことだけを考え、社内を円滑にしようとしたら、他の人や組織に干渉せず、自分の仕事を守ることが一番になってしまいます。

しかし、当たり前のことですが、それでは会社は上手くいきません。社内だけで成立しているわけでは無いからです。もっと正しく言うと、

会社は、社外である社会に貢献してこそ存在できる

のです。誰でも聞けば納得することでしょう。社外との関係があって初めて社内がありま す。このことを忘れると、会社の存続が危ぶまれることになるのは、余りにも当然のことなのです。

しかし、忘れてしまうのが、視野狭窄の怖さです。社外を忘れて、社内を第一優先にし

て円滑化しようとします。すると、社外とは噛み合わなくなりますし、社外からの要求に対して応えられなくなります。

それでも顧客の要望には応えなければなりませんから、社内最適のまま無理に応えようとして、様々な問題が噴出するのです。この構図がわからずに、社内だけを見て問題に対処しようとしても、永遠に解決はしないのです。

まして、社内ばかりを見ている状態で開発に着手しても上手くいくわけがありません。なぜなら、社員が開発の必要性を感じることは無いからです。

開発は、外側に働きかけるものなのに、社員は外を見ていません。社員は、面倒に巻き込まれないように、取り組みを無視するか、ひどい場合は妨害を初めます。その方が社内を円滑にするためには良いと感じているからです。

だからと言って、開発しないわけにはいきません。開発とは、お客さんの新しい要望に応えるためにするものです。社内の問題の対処に専念して、開発を後回しにする行為は、すなわち、お客さんを後回しにする行為です。そんな会社が社会の中で長く存続できるはずがありません。

また、社内に専念しても社内の問題は解決しないのです。社内問題の根本原因が、社外とのズレにあるからです。原因を無視して、結果だけ対処しても問題は無くなりません。

繰り返し繰り返し、発生します。まずは、社員の目を外に向けること。その上で、後回しにすることなく、すぐに開発に着手することです。

誤解しないで欲しいのは、社内より社外が大切といっているわけではありません。社内と社外のどちらも大切だということです。社内だけでは上手くいかないのと同様に、社外だけでも上手くいきません。社外、お客様の要望をあまりに優先して社員の健康を害したり、社員が疲弊してしまっては何の意味もありません。

そうでは無く、**社外に貢献して初めて社内の存在が認められる。同様に社内が存在して初めて社外に貢献できる。社内と社外どちらも重要**なのです。どちらかのみということはありません。

社員が社内ばかりを見ている場合は、まず、社員の目を社外に向けること。

自社の商品やサービスをお客様がどう感じているのか？

喜んでいる点は？

改良してほしい点は？

お客様の情報に触れた社員は、自分がすべきことをお客様の目線から考えられるようになり、「お客様のために、社内や、自分たちが、一体どうあるべきか…」を真剣に考えるようになります。

そう考え始めると、開発が必要なのは明らかです。社員はみんな協力するようになります。そうならないのは、社員が社内ばかりを見ているから。まして、経営者が社内ばかり見ているなど、もっての他です。社外に目を向けず、開発を後回しにして社内の問題に対処しても、問題は解決しません。

「社内を優先して、開発を後回しにする」のではなく、「社内に目を配りながら、常に社外を見て開発に取り組むこと」、これが重要です。そして、その姿勢を理念やビジョンにして、社員にしっかりと示すことが肝要なのです。

4、用途を探して、さ迷い続けていないか？

用途開発という甘い誘惑

ここまで、経営者の間違い、技術者の間違い、会社としての間違いを説明してきました。次に説明するのは、「開発に関する間違い」です。

1章でシェアＮｏ．1を目指すべきという話をしました。そのためには、新市場開拓となるわけですが、これを狙おうとしたときに、多くの企業が考えることに、「用途開発」というものがあります。

既にある技術とか、既にある製品、商品に対して、別の用途を見つけ出して、そこに出して横展開するというものです。

この用途開発に関して注意すべきは、非常に聞こえが良い点です。「既に自社にある技術や製品をそのまま別の市場に持っていくだけで売れる」、「さしたる経費を使わずに単純に売り上げが上げられる」…。

非常に、おいしそうに、そして簡単そうに聞こえます。そのため、皆さん、新市場開拓というと、この用途開発という甘い誘惑に引き寄せられるのです。

ところが、現実は、そんなに甘くはありません。長年開発に関わってきて、何度も失敗を目の当たりにしてきています。

なぜでしょうか？

その理由を新規開発の例を使って、少し別の角度から説明します。

シェア拡大や新市場開拓を狙った新しい開発をやっていると、必ず一度は大きな壁にぶつかります。一度で済むことはまれで、普通は何度も襲ってきます。

その壁は、技術的な壁であったり、経営的な壁や外部環境の壁だったりします。この壁にぶつかる度に、必死に悩み、必死に考え、いくつも試行錯誤をしながら壁を乗り越えるためにもがきます。

ところが、時にこの壁がとてつもなく高く、「もう無理だ」と思える時があります。実は、ここが開発の勝負所で、それでもあきらめずに挑戦するか、それともあきらめてしまうかで開発の成否が分かれてしまいます。

問題は、まさにこの時で、あきらめそうになった時に、「そうだ、別の用途ならばいけるかもしれない」と安易に思ってしまうことです。

現在の用途では、あまりに壁が高く、あきらめたい。でも、ここであきらめては、これまでの努力が無駄になる。あきらめたいが、無駄にはしたくない。そう考えた時に、別の用途に光を見い出そうとします。

これは、怖いくらいに、皆さん、壁にぶつかった時に、一度は、必ず考えることです。そうして、その別の用途向けに、開発を大きく軌道変更して、そそり立つ壁を避けようとします。

しかし、こうして別の用途向けに振り替えた開発で、まともに成功した事例を20年以上開発に関わってきましたが、一度も見たことがありません。

お茶をにごす程度の実用化はできた例はありますが、成功とは程遠いものです。まして、シェアを拡大することはできていません。もちろん、たまたま運よく別の用途が見つかるケースはあるでしょう。しかし、それを期待して企業として目指す、というのは考え物です。なぜ、上手くいかないのか？それは、「用途ごとに必要な開発要素が大きく異なる」からです。

当たり前と言えば当たり前のことです。そもそも、開発要素が異なるからこそ、壁を回避できると考えたのです。

そして、このことが重要なのですが、「開発要素が異なれば、そこには、別の壁がある」という点です。開発要素が異なれば、当然、必要な技術、必要な取り組みも変わってきます。そして、そこには、新たな課題、新たな壁が待ち受けているのです。

用途開発に待ち受ける高い壁

問題は、その新たな壁が元々の壁よりも高いか低いかです。元々取り組んでいた用途において、挫折した壁と比べて、低い壁になるかどうかです。

結論から言うと、ほとんどの場合、より高い壁になります。これには理由があります。元々の用途では、その用途に向け、事前に十分に考え、ある程度以上の可能性を感じるとともに課題も考えた上で、いけると踏んで、開発を始めたはずです。それでも想定外かつ想定以上の壁にぶつかってしまったはずです。

それに対して、突如、方向転換した新しい用途については、「藁をもつかみたい」苦しいときに、ふと周りを見たら、目にとまった用途です。それこそ、ここには想定していない壁が待ち受けています。

考えてみて下さい。元々の用途を考えた時は、ほとんど制限が無く、自由に用途を選べたはずです。そんな中から選びぬいたのが、元々の用途です。その上、十分に課題を調べて想定していたはずです。

それに対して、新しい用途を考える時には、相当に開発が進んでおり、自ずと用途は限られてきます。その限られた中から選ぶしか無かった用途です。そんなに条件がよいわけありません。しかも、その用途のことは、最初の用途ほど詳しく調べてはいません。課題もよくわかっていないのです。

人は、良く知らない、わかっていない分野に対しては、自分の都合よく考え、簡単そうに思ってしまう特性を持っています。

詳しく知っている分野は、課題をよくわかっているために、頭に浮かんだ安易な期待は、すぐに否定します。ところが、よくわかっていない分野については、否定するだけの情報を持っていないので、頭の中には、安易な期待がそのまま残ってしまいます。そうして、つい、手を出してしまうのです。隣の水は、甘く思えてしまうのです。

そんな風に十分に課題を想定することもできずに開発に乗り出すのですから、そこには、全く想定していなかった、より高い壁が待ち受けています。こうして、新たな用途に向けた開発は、新たな壁の前で立ちすくみ、もはや元の開発に戻ることもできずに、完全に頓挫することになってしまいます。

用途開発も本質的には、これと同じです。自社の既存の技術や製品が、簡単に別の用途に使えそうな気がしても、実際にはそんなに甘くはありません。

その用途には、その用途に必要なことが必ずあります。それに対応するために、必然的に新たな開発が必要になります。そして、それは、予想以上に大変な開発になるケースが多いのです。

さらには、用途ごとに強力なライバルがいます。そのライバルとは、元々、その用途で長年し烈を極めた戦いに生き残ってきた企業です。

そんなライバルと戦わなければならないのです。ある程度以上の地位を築いてきた勝手知ったる自分の市場とは違うのです。

それでも、多くの企業が用途開発に安易に乗り出すのは、ライバルの存在すら見えていないことに他なりません。その用途のことや、市場のことをよく知らないのです。当然、よく知りもしない世界で、そこを熟知したライバルに勝てる可能性は、想像以上に低いものになります。

結局、用途開発に乗り出すときには、当初の思惑とは違い、新規開発と同等の開発が必要になってくるのです。

5、多くの企業がはまる模倣防止の落とし穴

新技術が無くても特許は取れる

さて、最後の5つ目の間違いです。最後は、模倣防止のための知財に関するよくある間違いです。

皆さん、模倣防止のために、知財が重要であることには異論は無いと思います。実際に、多くの企業が、技術開発をした場合には、必ず知財を確保しにいっています。

ところで、この知財ですが、皆さんは、知財と聞いて真っ先に思い浮かべるのは、何でしょうか？

おそらく、特許だと思います。確かに、特許は知財の一つです。ですので、まずは、この特許の話からしたいと思います。

この特許というもの、皆さんは、特許＝新技術と思っていないでしょうか？

実際、多くの方がそう思っています。しかし、特許＝新技術ではありません。確かに、新技術があれば、特許は取り易いですが、必ず取れるわけではありません。逆に、新技術が無くても特許は、十分に取れます。

では、特許成立の要件は、何でしょうか？ その話は、この本の読者である経営者の方に、ここで詳しくする話では無いので割愛しますが、特許＝新技術では無く、新技術が無くても特許は取れる、ということだけは頭に入れておいて下さい。

実際の例としては、１章で説明したアルミパイプ部品です。この部品には、新技術らしい新技術は、含まれていません。ところが、この部品は、極めて強力な特許を取っています。そうなるように初めから考え、狙い通りに特許を取りました。

その証拠に、商品化されてからずいぶんと時間がたっていますが、未だに、誰も真似できていません。特別な、皆があこがれるような新技術が無くても、特許は取れるという何よりの証拠です。

アルミパイプ部品では、特別な新技術を使っていないにも関わらず、ちゃんと最初から考えることによって、独自に特許を取得し、独占化することに成功しています。このように、特許は、有効な知財の一つです。

ただし、あくまで知財の中の一つに過ぎません。さらに、誤解を恐れずに言わせてもらうと、他の知財と比べると、一番、弱い知財でもあります。

「?、訳がわからない」という人もいると思います。

なぜ、特許は一番弱いのでしょうか？ 理由は、大きく二つあります。まず、一つ目の理由は、単純です。**期限がある**からです。

どんなに強力な特許をとっても、特許はいずれ切れます。あくまで時限の権利なのです。これだけでも知財としては弱いと言わざるをえません。

さらに、もう一つ、より大きな理由があります。それは、特許には、重大なリスクがあるということです。そのリスクとは、**取得できなかった時の損失**です。

特許を取得するためには、まず最初に、願書を出さなければなりません。特許になるかどうかの条件の一つとして、この願書には、第３者が読んで、その内容を実施できることが求められていますので、こと細かく実施に必要な事項を書くことになります。

そうして詳しく書かれた願書が特許庁に提出されると、特許庁は、「こんな願書が出ています。意見のある人は居ますか？」という目的で、これを広く一般に公開します。この時点では、特許庁は提出された願書を審査しません。審査するのは、願書提出後に申請者が審査請求をしたときです。

問題は、この審査請求後の特許庁の審査において、かなりの願書が特許にならずに却下されることです。却下された願書には、何の権利も発生しません。その願書は、広く公開され、しかも特許にはならないことが決定しているため、誰もが自由に見ることができます。そして、自由に実施できるのです。これが、特許の最も怖い部分です。

特許よりもっと強力な知財とは

苦労して開発した結果として得られた技術知見、その血と汗と努力の結晶である技術知見に対して、特許を取るべく願書を出します。ところが、それが却下されてしまった途端、誰でも自由に使うことができるのです。

こうなった場合、事実上、貴重な技術知見をライバル企業を含めて、広く皆に、タダで提供するために、何か月も何年も努力してきたことになってしまうのです。これが、非常に怖い特許申請のリスクです。

特許は取得できれば知財になりますが、できなければ損失になるだけなのです。しかも、権利が取れても期限付きです。知財としては、弱いと言わざるをえません。

特許は、リスクと効果を十分に天秤にかけた上で、取りにいかなければなりません。そして、一度、取りにいくと決めたからには、必ず取ることです。

では、特許以外には、どんな知財があるのでしょうか？　実は、知財は特許だけではありません。しかも、十分に強力な知財があります。その知財は、あまりに当たり前すぎて、皆さんあまり大事にしていない傾向があるのですが、実は、特許よりも強力な知財です。それは、「ノウハウ」です。

ノウハウというものは、中身が知られなければ、これほど強力な知財は他にありません。

特許よりも強力です。なぜなら、ノウハウには、特許と違って期限がありません。上手く管理すれば、半永久的に効力を発揮させることも可能です。

ノウハウが威力を発揮している有名な例に、清涼飲料のコカ・コーラがあります。コカ・コーラの製造方法は、ノウハウです。特許にはなっていません。

もし、特許にしていたら、当の昔に期限が切れて、今頃、世界中の様々な飲料メーカーが、コーラを製造して売っているはずです。

ペプシコーラがありますが、皆さんご存知のように、これは似て非なるものです。同じ味は出せていませんし、そもそもライバル企業がほとんど出てきません。ビール会社の数を考えれば、コーラ市場の特異性が分かります。コカ・コーラは、製造方法を特許にせず、ノウハウとして秘匿したおかげでコーラ市場を守ることに成功しているのです。これこそ、ノウハウの威力なのです。

ところが、多くの会社では、ノウハウは、雑に扱われています。特許と違って明文化もされず、管理もされていません。

特許の方は、高い申請費と高いリスク、さらに毎年毎年、維持費まで払って管理しているのに、それよりも強力な、上手く用いれば半永久的に効力を発揮するノウハウの方は、まともに管理されていません。

これは、非常にもったいないと同時に危険なことです。

管理されていないと、社員がうっかり漏らしてしまう、気づかない内に見せてしまうということが起こります。管理されていないため、社員には、何を秘密しなければならないのか、そこにどんな価値があるのか、認知することができないからです。

実際、前職時代に、ある企業が社内の貴重なノウハウをそれと気づかずに不用意に話しているのを見て、「それは話してはいけない」と、逆にこちらから止めたことがあったほどです。

このように、しっかり管理していないと、長く会社に利益をもたらすかもしれない知財が、簡単に他社に漏れてしまうリスクにさらされてしまいます。

そうならないために、しっかりと、開発する前から、「何がノウハウになり得るのか」、「どこがノウハウになっていると他社は困るのか」、「どうすれば真似できないのか」…などを、よく考えて、管理するノウハウを特定し、実際にしっかり管理することが重要です。決して、貴重なノウハウをこんなのどこにでもあると放置してはならないのです。

知財には、さらにもっと強力なものがあるのですが、それは難易度が上がるので、まずは、ノウハウと特許をしっかり管理することが大切です。

いかがだったでしょうか？ 以上が、開発型になれない企業がやってしまう、典型的な5つの間違いです。すべて当てはまる企業はないと思いますが、いくつかは、心当たりがあるのでは無いでしょうか。

さて、それでは、次の章では、いよいよディベロップレス開発の企画の実務について、事例を示しながら説明していきます。

第4章

シェアを取る、優れた製品企画の立て方と5つのルール

1、手を出してはいけない典型的な領域

新技術に飛びついていないか?

さてここから、ディベロップレスで開発を動かすための「優れた企画」の立て方についてご説明していきます。とても重要な部分だけに、よくご理解いただきやすいよう、やってはいけない企画や、改めるべきことの事例とセットにし、「5つのルール」として提示します。

間違いをしないことこそが正しい方向へと進むルールになるからです。まず、最初の間違いは、「安易に新技術開発に手を出す」というものです。

1章で、The開発には手を出すべきでは無いことを説明しました。さすがに、新製法、新設備を開発するような大規模開発には手を出さない、というか、手を出したくても出せない、と思われる読者も多いのではないでしょうか。ところが、実際には、手を出す例が後を絶ちません。

ここでは、そんな事例の中から、工法の開発から始めた素材メーカーと、設備メーカーが開発した新技術をいきなり導入して製品開発を始めた鋳造メーカーをご紹介します。

素材メーカーのＦ社は、ある新工法の開発から始めました。ものづくりの上流に位置するということもあり、素材メーカーでは、工法の開発から始める企業が多くあります。Ｆ社もそんなメーカーの一つでした。

工法の開発から着手する場合、最初は、基礎実験から始めることになります。卓上でできるような実験なら良いのですが、ターゲットとする製品が大型の場合、実験段階から、大型の装置が必要になります。

Ｆ社のターゲット製品も卓上で実験できるようなものではありませんでした。まだ海のものとも山のものともわからない段階で、大型の実験機を入れてやるとなると、経営的に相当な勇気が必要になります。

それでもＦ社は、実験機を入れました。さすがにターゲット製品と同じサイズのものを実験できる設備は導入できなかったため、最初の課題を確認するための最低限の実験設備を入れてのスタートです。

実験機導入後、Ｆ社は精力的に実験を重ね、課題を確認していきました。課題が確認できると、すぐに対策方法を考え、対策実験をして効果を分析しました。分析が終わると、次なる対策を加えた実験をし、分析して、また対策し、こういったことを根気よく繰り返して課題を解決していきました。

未知なる工法の開発ですから、次から次と課題が出てきます。この課題の発見が、基礎実験の重要な役割だったりするくらいです。Ｆ社は、そうやって次々にわかってきた課題に対して、何度も試行錯誤しながら実験を繰り返していきました。

数年かけて、いくつもの基礎的な課題を克服していきました。そして、ついにＦ社は、次の段階に進みます。実験機ではわからない、ターゲット製品を製造するときの課題を確認するステップです。

このステップに進むためには、ターゲット製品を製造できる大型の試作機の導入が必要になります。実験で基礎的な課題は確認できているとは言え、製法として確立できるかどうかは、まだまだ未知数です。そんな中で、大型の試作機を導入するのは、実験機以上に勇気が必要なことです。それでもＦ社は、試作機の導入に踏み切りました。ここまで来たら、後には引けない、そんな思いでした。

この、「一度始めると、なかなか後には引けなくなる」というのも、開発の非常に難しい側面です。折角ここまでやったんだから、ここまでできたんだから…といった気持ちが働くため、たとえ可能性が極めて低くなっていてもズルズルと何年も、時には十年以上も続けてしまい、経営資源を使い尽くすことが少なくありません。

それでも試作機を入れたＦ社は、これまで以上に精力的に試作実験を繰り返し、小型の実験機ではわからなかった新たな課題を見出していきます。

課題が見えると、再び対策です。問題の原因について仮説を立て、その仮説を検証する試作実験を行います。そうやって原因が特定できると、また、対策案を立て、その対策案の有効性を確認するために、再び試作実験を計画し…、こんな具合に、F社は、試作実験を繰り返していきました。

ところが、いくつかの課題を克服した後に、大きな問題が表面化します。その問題は、この工法の根本に問題があり、解決するためには、工法を根っこから変えなければならないという大問題でした。

それは、ここまで開発してきたからこそわかった問題だったのですが、ここにきて根本を変えなければならないのは、致命的でした。再び、実験段階からやり直しになってしまうからです。このとき既に、開始から7年が経過していました。

その後、色々な検討や議論がF社内でされましたが、結局、F社は、開発の断念に追い込まれてしまいました。

開発には、数多くのステップがあり、かつ、途中で頓挫するリスクがあります。F社は、幸い、この失敗で経営危機に陥るということはありませんでしたが、相当なダメージがあったのは確かです。

読者の中には、あと一歩だったのに、惜しいと思った方もいるかもしれません。しかし、開発には、まだまだ長い道のりがあります。F社がたどった道は、開発のほんの入口にすぎません。そこからの道のりを今度は鋳造メーカーT社の事例で説明しましょう。

新設備を導入したT社の苦悩

鋳造メーカーのT社は、完成品のメーカーから鋳造製品を受注する、受注型の企業でした。同業との競争が激しく、何とか競争から抜け出すために、T社は、業界内での差別化を模索していました。同業他社に対して、これといった特徴が出せていなかったため、低価格でしか受注できず、低収益に苦しんでいたからです。

何か良い手は無いかと探している時、設備メーカーが開発した、ある新工法が目にとまります。設備メーカーに詳しく話を聞きに行った結果、「これだ」と思ったT社は、思い切ってその設備メーカーが開発した新型の設備を導入します。

その新工法は、長い年月をかけて設備メーカーが開発してきた新工法で、ようやく技術が完成し、設備として売り出したものでした。T社は、開発済みの設備を導入することで、工法の開発期間を省き、いっきに新工法を持つ企業になったというわけです。

この時点で、工法開発の途中で挫折したF社より先の段階に進んだことになります。

気を良くしたＴ社は、あとは、新工法で鋳造する製品を受注するだけ、そう思っていました。ところが、現実は厳しく、全く受注できませんでした。上手くいかなかった原因としては、次のことがありました。

・まず、製造する製品をどうするのか？

・どんな製品がその工法に適するのか？

・その製品を新工法で製造することでどんなメリットが出せるのか？

これらを決める必要があります。そして決めた後は、それをお客様に対して証明しなければなりません。実績の無い工法に対して、いきなり発注するような企業はまずありません。その会社だけではなく、世の中全体で実績の無い工法となれば、なおさらです。

「本当にできるのか？」――お客様のこの疑問を晴らす必要が生じます。製品を決め、メリットと実現性を証明しなければならないのです。これができなければ受注はできません。これは想像以上に難しいことです。

メリットと実現性を証明するためには、お客様に売り込む前に、製品を作り込まなければなりません。当たり前のことですが、この時点では、その製品が本当に受注できるのか、本当に需要があるのか、分からない状態です。そんな状態で、ターゲット製品を決め、作り込んでいかなければならないのです。これは、たいへん勇気のいることです。

これを乗り越え、苦労して作り込み、十分に実現できることが確認できて、そこで初めて、お客様に売り込むことになります。

ところが、ここでさらなる問題が発生します。「売れない」という問題です。新工法を採用する場合、顧客にとっては、ある程度のリスクを追うことになります。どんなに事前確認結果を示されても、実際、どんな問題が発生するかわからないからです。

現実問題、ほとんどのケースで何かしら不具合が発生します。新工法の場合、何もでないということはまずありません。したがって、それだけのリスクに見合う巨大なメリットが必要になります。

しかし、製品の機能、使われ方について、そこまで詳しくない加工受注型のメーカーが考えた程度のメリットでは、ほとんどの場合、弱すぎるのです。その結果、「今の工法より安ければ考えるよ」という回答が返ってきてしまいます。

T社にとってみれば、収益改善、差別化のために設備を導入してここまで苦労してきたのに、それでは意味がありません。受注型の企業は、製品のことをよく知らないという問題があり、ほとんどの場合、これが致命傷になります。

もちろん、作り方、製法については熟知しています。しかし、使われ方や、機能、要求特性…などについては、よく知りません。そのため、新工法で作り方の証明はできても、メリットの証明や機能上の不具合への不安の払拭は、十分にできないのです。

これを防ぐためには、その製品のことをよく知らなければなりません。そのためには、完成メーカーから教えてもらわなければならないのですが、簡単に教えてくれるものではありません。受注でもしていれば別ですが、その受注をとるために、教えてもらわなければならない、そういう矛盾を抱えることになります。

この点が、最も難しく、新工法を導入した企業が、なかなか成功できない大きな要因となるのです。つまり、

「製品を受注して作り込む」から「製品を開発してから受注を取る」

という逆の順番になる訳です。これが想像以上に難しいのです。大きな課題となって受注型企業の前に立ちはだかることになります。

例えば、一生懸命、設備の加工精度を上げるべく技術開発し、ようやく満足いくレベルに達して客先に提案したら、実は、「精度はそこそこでいいから加工できる材料を増やし

てほしい」とお客さんは思っていた、といったことが平気で起こります。こうなるとまた、一から開発のやり直しです。

これを防ぐためには、ターゲットとする製品の機能や使われ方にまで、徹底して、自ら踏み込んでいく必要があります。そして、この製品開発には、新工法の開発以上にやることがたくさんあります。

まずは、「どんなメリットを出すか」です。狙うメリットを決めなければなりません。その上で、それを証明しなければなりません。製品を試作し、それを評価し、そのメリットがきちんと得られるかどうか確認していくことになります。

当然、一発ではできませんから、何度も試作と評価を繰り返して製品を改良しながら、メリットを確認していくことになります。これだけでもたいへんです。

ところが、首尾よくメリットを証明できてもまだまだ開発は続きます。今度は、新工法に変えたことによってターゲット製品に不具合が出ないかの確認です。これまた、試作と評価を繰り返して、機能確認をしていくことになります。

その過程で製品の仕様を見直していきます。構造はこれでいいのか、材料はこのままで良いのか、評価方法はこれで本当に確認できているのか、様々な課題を一つ一つ潰していかなければなりません。

そうして、長い年月をかけて何とかクリアしても、まだ、終わりにはなりません。今度は、その製品つまりは部品を変えたことによって、周辺の部品に影響が出ないか、これも確認しなければならないのです。

周辺の複数の部品に対して、それぞれ、ターゲット部品が変わったことで、何か影響がでないか、ターゲット部品に合わせて変えなければならない部分は大丈夫か、評価確認が欠かせません。変えなければならないとなれば、その部品についても変えた試作、評価が必要になります。

ここまでを、中小加工メーカーが独力でたどり着くのは、現実的にはまず不可能です。どうしても完成品メーカーの力を借りる必要がありますが、実績の無い新工法では、完成品メーカーの協力を引き出すことは、極めて難しいものがあります。

おわかりいただけるでしょうか？　これ程までに新工法の受注は難しいのです。開発には、**「必要な知見がすべて揃ったときに初めて成功する」**という本質があります。知見が揃うまでは、失敗するのです。

すべてが揃うまでは、一つ一つ失敗して、必要な知見を習得していく必要があります。新工法の製品化までには途方もない知見が必要です。安易に手を出してはならないのです。しかし、それでも手を出してしまいます。一体、なぜでしょうか？　実は、F社とT社には、ある共通点があります。

それは、いずれも小さいながら「開発部門、開発チーム」を持っていたという点です。そうです。最初に体制があったのです。何を開発すべきのルールや仕組みが無く、先に開発部門を作るという、前章で説明した間違いをやっていたのです。

そういった開発部門に配属された技術者が何を考えるか？「独立した開発部門に配属されたんだから、何か新しいことをやらなければ会社の中で自分たちの存在価値が示せない」そう考えても不思議ではありません。

その時、目の前に、「新技術」や「新工法」という、わかりやすい差別化のチャンスが現れたら…。不安を抱えていた技術者は、喜んでこれに飛びついてしまう訳です。こうして、無謀な開発が始まってしまうのです。これを防ぐためには、

ルール１　開発テーマの選定に関して、しっかりとルールを作る

ことです。これを怠り、開発者の自由にしてしまうと、新技術に飛びつき、たくさんの経営資源を消費して、失敗するということにつながるのです。

単なるアイデアに手を出そうとしていないか？

よくある企画の間違いには、単なるアイデアに頼って開発を始めてしまう、というものもあります。

2章で、企画の大切さと同時に、「企画無き開発は暴挙」だと説明しました。先ほどの新技術に飛びつくケースも、企画無き開発の典型例です。企画をせずに技術開発力だけで商品や製品を受注しようとした結果、なんとか技術で差別化し、技術で顧客を引き付けようと、新技術に飛びついてしまったのです。そうでは無く、その前に、しっかりと企画することが大切です。

一方で、企画力が弱い企業、あるいは、企画などしたことが無い企業が企画しようとした場合、注意しなければならないことがあります。それは、「単なるアイデアに手を出すな」ということです。「企画＝アイデア」というふうに考えてしまう企業が多いのです。

例えば、企画力が弱い企業に、「企画が大切ですよ」とお伝えすると、次のような返事が返ってきます。

「企画が大事なのはわかったけど、うちの会社はアイデアが足りない。発想力が今一つだから、そこから何とかしないといけない」とか、「早速、アイデア出しから始めてみます」とか、「発想法、アイデア出しの方法を勉強します」…などなど。

企画が重要だということを認識できたことは良いのですが、残念ながら、アイデア発想法を習得しても企画は上手くできません。

実際に、「社長である自分からアイデアをどんどん出すが、形にならない」とか、「アイデアは出てくるが、形にできない」とか、「最初はアイデアが出だが、形にならないので、だんだんとアイデアも出なくなった」など、アイデア出しから始めて挫折した経験を吐露される企業がたくさんあります。

そんな企業の一つにE社があります。E社のお手伝いは、猛暑が続く夏頃から始まりました。それからしばらくして、季節は秋だというのに、まだ暑さが残る頃、E社長と次のような会話をしました。

「今日、3度目の説明になります。しつこいようですが、これは、本当によくやってしまう間違いですから、とにかく気をつけてやってください。」

そうお伝えすると、「よくわかりました。気をつけます。」と社長。

このやり取りのわずか数ヶ月後、急に冷え込んだ冬の寒い日に、E社長が少し慌てた様子で報告しにきました。

「先生、やっちゃいました。あれほど、やっちゃいけないと言われていたのに、申し訳ありません。」

社長は、恐縮しながら、顔を真っ赤にされています。

何をやっちゃったかというと、企画がまとまらない、というものでした。そして、なぜ、まとまらなかったかというと、アイデアに頼ったからです。「アイデアに頼ってはいけない」と何度も説明していたにも関わらずです。

しかし、私は、

「よくあることですよ。ここからがスタートです。気にすることはありません。」と返しました。

まあ、それだけよくやってしまう間違いですし、途中で間違ったことに気づいただけでも、大きな進歩です。本心から「気にすることはありません。」そう伝えました。

1章でも少しお伝えしましたが、企画を考え始めると、どうしても、あーでもない、こーでもない、あれはどうだ、これはどうだ…と、発散し、収集がつかなくなってしまいます。実はこの多くは、アイデアだったりします。

最初は、可能性が広がった気になって気分が良いのですが、やがて行き詰まってくる。改めて、あがった一つ一つのアイデアを見ていくと、どれも決め手にかける。これはだめ、あれはだめ、これは面白いけど実現は無理、こっちは何に使うの、それもうあるよ…など。やがて、すべて否定できてしまい、行き詰まる。そういう状態に陥ります。

そうならないように予め十分に注意していても、それでも、かなりの確率でやってしまいます。それほどまでに、よくやってしまうことであり、それだけ企画を考えることは、難しいことです。

これまでに考えたことがない企業の場合は、なおさらで、前もって注意を受けていても、まず、最初はできません。このE社もこれまでに開発をしたことがない、企画を考えたことがない企業でした。

ですから、冒頭の状態になったのは、実は想定内でした。それでも、なぜ、やってもらったかというと、結局、「やらないとわからないから」です。

やり方を説明したとき、この社長は「わかりました」と確かに言いました。でも、本当はわかっていないのです。「頭でわかっていること」と、「実際にできること」というのは、全くの別物です。

多くの企業が失敗するような取り組みは、「頭でわかればできるというほど甘くは無い」ということです。その程度でできるくらいなら、多くの企業が苦しむはずありません。やってみて、間違ってみて初めて、考え方の大切さ、その真の意味に気づくものです。考え方や答えといった知識だけあってもだめなのです。

ですから、E社の場合も、失敗して習得してもらった訳です。では、なぜアイデアは、上手くいかず、形にならなかったのか？　それは、「**アイデアは、ふくらませるもの**」だからです。

アイデアは、より良いものを求めて、あれはどうだろう、これはどうだろう、こうしてみては?、ああしてみては?と、アレコレふくらませていきます。

ふくらませないと、今までと違う魅力的なアイデアは出てこないので、必然的にふくらんでいきます。それが正しい姿です。

例えば、アイデア出しの手法として有名なTRIZという手法があります。特許のアイデア出しなどでよく使われており、知っている方も多いのではないでしょうか。

このTRIZという手法、アイデア出しにおいて、禁止事項がほとんど無いのが特徴です。ただし、一つだけ禁止事項があります。それは、「他人のアイデアを否定しない」というルールです。

人は、禁止事項があると、それに縛られて自由な発想、突飛なアイデアが出なくなってしまいます。ですから、禁止事項は無い方が良いわけです。

一方で、自分が出したアイデアを他人から否定されたらどうでしょう。誰でも否定されるのは嫌なものです。強い否定には、恐怖さえ覚えます。

自由に発想して思い切って突飛なアイデアを出したのに、それを否定されてしまっては、次からは、そういったアイデアは出さなくなります。出さないだけなら、まだいい方ですが、考えることさえ止めてしまいかねません。ＴＲＩＺのルールは、これを防ぐためにあります。

これは、アイデア出しのマネジメントとして、たいへん優れています。良いアイデアを出すためには、現状から離れて、自由に発想を膨らませ、様々なアイデアを出していく必要があります。

突飛なアイデア、とても実現不可能なアイデアでも、発想を刺激するためには出していくことが必要です。これを否定してしまったら終わりです。否定せずに、アイデアをどんどん膨らませていく必要があります。これが、アイデアのマネジメントです。すなわち、発散のマネジメントなのです。

一方で、「企画」は、どうでしょうか？企画とは、ある実現したいものを決めて、それに対して実現する方法を 絞り込む工程です。絞り込まないと実現したいものが形にならないので、必然的に絞り込むことになります。「企画は、絞り込むもの」です。

ここに、アイデアと企画の根本的な違いがあります。違いがあるどころか、マネジメントが完全に真逆なのです。

アイデアは、いかに発散させるかのマネジメント
企画は、いかに絞り込むかのマネジメント

なのです。

それを企画＝アイデアと捉えてマネジメントしてしまうと、考えや取り組みが発散し、いつまでたっても形に絞り込まれない、ということが起こります。

さらにもう一つ、アイデアに頼ってはいけない理由があります。それは、単なるアイデアは、成功率が極めて低いということです。

思いつきのレベルは、言うまでもありませんが、良く考えられた優れたアイデアでも、そのほとんどは、よくよく調べてみると、全く実現可能性が無いといったことがあります。逆に、これなら実現できるというアイデアは、大抵、世界中のどこかで誰かが既にやっていたりします。

アイデアは、頭から実現可能性を意識してしまうと出てこなくなり、出すために自由に発想すると実現可能性が極めて低くなる、という本質的な課題を抱えています。

そのため、アイデアは、企画の前の前の段階として、良い物が出てきたら運が良いくら

いに考えて、あまり期待せず、頼ること無く、気長に待つ姿勢が大切です。

その上で、可能性のあるアイデアが出てきたら、企画の前段階として、徹底的に実現可能性を追求する必要があります。

もちろん、１００％いけるというものにはなりません。それに、そんなに可能性が高いものなら既に他社がやっているはずです。同時に１００％確信できるまで待っていたら、間違いなく他社に先を越されてしまいます。

ですから、ある程度の確率が見込めれば、走り出さなければなりません。条件次第ですが、30％も可能性があれば、十分に取り組む価値があります。

しかし、明らかに０％なのに、それに頼る企業が多いのが実情です。

ルール２　単なるアイデアを企画に持ち込んではならない。

アイデアと企画は、別物。

企画に取り組む場合は、まず、この意識を持つ必要があります。

結局、延長線になっていないか？

ここまで、企画を考える時に、新技術に飛びついてはいけないことと、単なるアイデアに頼ってはいけないことを説明してきました。もう一つ、典型的な企画の間違いがあります。それは、「結局、従来の延長線になっている」というものです。

新技術はだめ、アイデアもだめ、となると、結局、既存商品や技術の延長線の改良を、開発と称してやってしまっている、そんな状況です。

新しい商品や製品、あるいは、そのための技術の開発をやっているが、なかなか満足のいく開発ができていない。できているのは、既存の商品や製品、技術の改良レベルといった、1章で説明したいわゆる開発もどきで、我が社の新商品と胸を張って言えるようなものができていない。そういった状況に陥ります。

そういった会社の社員が怠けているかというと、決してそうではありません。むしろ、まじめに新商品、新製品を考え、良い商品、良い製品にしようと頑張っているケースがほとんどです。しかし、出来上がるのは、従来の延長線上の商品や製品ばかりという結果に陥っています。

なぜ、改良レベルにとどまり、従来の延長線から抜け出せないのでしょうか？ そこには、ある思考の縛りがあります。

新商品を考える時、社員の思考には、多くの縛りが存在します。中でも3つの代表的な縛りがあります。

まず一つ目は、「常識」です。「～しなければならない」とか、「〇〇でなければならない」、「～してはならない」、「～が当たり前」…など、昔から守っていること、昔からあり当たり前すぎて、疑ったことも考えたこともないようなこと、そんな常識が社員の思考を縛っています。

例えば、「従来のものより安くなければ売れない」とか、「100%保証できなければ売れない」とか、「物は所有するもの」などがそうです。

もし、従来より安くなければ売れないのであれば、蛍光灯やLEDライトが売れることは無く、未だに電球が主流なはずです。また、100%保証できないものは売れないのであれば、車の衝突回避技術の商品化は、ずっと遅れていたでしょうし、物は所有するものであれば、シェアリングやレンタルの普及は無かったはずです。

よく、多くの人が「売れる」といったものは売れず、「そんなの売れない」といったものが売れる、という現象が開発現場で起こっていますが、これこそ常識の影響を良く示していることです。企画に際しては、この常識のしばりを解く必要があります。

二つ目は、「規制」です。

「規制があるからできない」「規制があるからこれまで通りで大丈夫」といった国の規制があることによる縛りです。ここにも、「規制は変えられない」という思考の縛りがあります。

実際には、未来永劫続く規制などありませんし、時代の要請、世の中の流れ、ロビー活動など、様々な要因で規制は変わります。

規制は変わりますし、変えられるものです。現に、某通信会社大手の社長は、様々な規制を変えてきましたし、これからも変えていくでしょう。

それから三つ目です。

実は、これが社員、そして経営者の思考を最も強く縛っており、画期的な商品の開発をはばむ最大要因になっています。

それは、「過去の成功」です。

自社が過去に成功した商品や製品、技術など、社長がそして社員が自信を持ち、誇りを持ち、愛着があり、大切にしているものです。それだけに、変えられない、否定できない、越えられない、という強力な思考の縛りが生じます。

2代目社長が、創業商品を超えられない、などは、正にこの思考の縛りが影響しているケースです。

「画期的な製品が開発できない、開発のレベルが低い、発想力が無い」と思った時。

「過去の成功」が思考を縛っている可能性があります。

ルール3　思考の縛りを解いて企画

まずは、経営者が「過去や現在の自社製品の完全否定」をできるかどうか。

そこからがスタートです。

以上が、典型的な企画の間違いです。他にも色々ありますが、読者の方には、まずこれらの間違いをしないように願っています。

2、経営者は、開発に思いをのせよ！

経営者が関与すべき開発の絶対ポイント

さて、企画を立てる時に、「経営者が絶対に意識しなければならない」ことがあります。2章で、「社員が開発をやる気にならない」という前に、現状への強力な危機感と進むべき方向を経営者が示さなければならない、とお伝えしました。

こう言うと、「うちの社員は、やる気があるので彼らに任せている」という経営者も居ます。これは、社員のやる気を引き出している、やる気を削ぐようなことはしていないという点で、賞賛に値します。

さらに、社員にやる気があり、しかも能力が高いため、社員に任せることができている状態であり、社員が思ったようにはまったく動いてくれない企業からすれば、とてもうらやましい状況でしょう。

では、社員にやる気があり、社員の能力が高ければ、彼らに任せることができ、開発に成功するのでしょうか？

答えは、NOです。例えば、前述の新技術に手を出したF社とT社です。この2社の開発メンバーは、やる気があり、能力も高い社員でした。それでも開発には失敗しています。

この2社の失敗の原因は、新技術に手を出したことと、いきなり開発部門を作って形から入ったことでした。そして、そうならないように、開発のルール、仕組み作りが重要だとお伝えしました。

実は、もう一つ、F社とT社には共通点がありました。それは、「開発に対する経営者の関与が弱い」というものです。弱いというより、ほとんど無いと言った方が当たっているかもしれません。

ルールや仕組みがなく、開発部門だけがあり、そこに経営者のチェック機構が働いていない状態。これが、無謀な開発に技術者を走らせることにつながりました。開発において、経営者が不在だったのです。

1章に書きましたが、開発は、経営者の仕事です。開発者のレベルに応じて、部分的に任せることは可能ですが、要所要所では、必ず経営者の関与、判断が必要です。これを怠っては開発は上手くいきません。

くどいようですが、ここをわかってもらうために、開発に対する経営者の関与が弱いという問題が、さらなる悲劇を生んだ、ある素材メーカーG社の事例を紹介します。

Ｇ社は、鍛造用の新しい材料の開発に挑戦していました。その材料は、鍛造工程を大きく変える画期的な材料でした。Ｇ社は、小さいながらも開発部門を持っていました。

Ｇ社がすごかったのは、この開発メンバーの能力の高さです。

素材メーカーということもあり、開発メンバーの能力が非常に高く、まじめで優秀でした。加えて決してあきらめない粘り強さを持っていました。

とても難易度の高い材料開発でしたが、適切な実験計画、そして、想定外のことが起こっても粘り強く、かつ、迅速に対処する実行力によって、見事に材料開発に成功しました。

しかし、材料開発だけでは、製品にはなりません。Ｇ社の開発メンバーは、そのことが良くわかっており、ある程度、材料の開発に目処が立ったところで、工法の開発を始めました。

鍛造用の実験機を導入し、再び、丹念に実験と対策を進めていきました。猛暑の中でも、真っ赤になった鉄を繰り返し繰り返し鍛造し、喉をカラカラにしながら、作り込んでいきました。その結果、見事に工法の開発にも目処を立てます。

言葉で書くと簡単なことですが、これはたいへんなことです。開発メンバーの高い能力と粘り強さがあって初めてできたことです。

ところが、ここまできても製品にはなりません。続いて製品の開発が必要です。

Ｇ社開発メンバーのすごいところは、ここもよくわかっており、工法に目処が立った時点で、製品の開発に着手したことでした。

ターゲットにする製品を決め、試作用の金型を作成し、開発した鍛造機で試作を繰り返します。試作しては評価し、評価して課題を見つけては対策して、また、試作する、これを繰り返していきました。

Ｇ社の開発メンバーは、すさまじいまでの努力と執念を発揮し、製品の開発にも一定の目処を立てます。そして、遂に、売り込みにかかります。

工法と製品ができることを証明した上で、鍛造メーカーに広く技術の導入を促し、それによって、材料を売る作戦です。

ところが、いくら工法の開発結果や製品の評価結果を示しても、鍛造メーカーへの技術導入は進みませんでした。評価結果だけでは、売れないと悟った開発メンバーは、自ら鍛造メーカーとして、製品を売ることを決意します。

最初に、鍛造メーカーとして、自ら製品を作り、それを売って、新材料、新工法、新製品の実績をつくることにしたのです。そうやって、実績を作ってから、技術と材料を広く鍛造メーカーに売り出すことにしたのです。

経営者自らが生み出した悲劇

製品のユーザー企業に、開発メンバーが自ら売り込みをかけました。新材料、新工法、新製品ということもあって話題性があり、展示会に出すたびに、大好評でした。雑誌等でも取り上げられ、相当な反響もありました。

その中から、数社引き合いをもらい、そのうちの一社と実際に製品の試作、評価を行いました。事前の作り込みのおかげで、その会社との試作、評価は順調に行きました。そして、ついに、その会社から採用の内示を受けます。

開発メンバーは大喜びで祝杯をあげました。いままでの血のにじむような努力が、ようやくむくわれるような気がしていました。

ところが、ここで大事件が起こります。

なんと、G社の経営者が、量産のGOサインを出さなかったのです。

ここまで説明してきたように、G社の開発メンバーは、非常に優秀でした。優秀であるが上に、経営者からも信頼され、権限も移譲され、開発に関わるほとんどのことを任されていました。

そのため、この製品の採用内示を獲得するまでは、ほとんど開発メンバーが決めてやってきました。もちろん、報告はしています。そして、その都度、指示されたことは、きちんと守ってきました。

ところが、採用の内示を受け、いざ量産となったときに経営者は、ＧＯサインを出さなかったのです。理由は、「リスクが大きすぎる」というものでした。

内示を出した企業は、大企業で、その製品は世界中に展開されていました。加えて、その製品は、人命に関わる製品でした。

もし不具合が出たりでもしたら、Ｇ社の規模では、とても耐えられません。経営者は、そのリスクは取れないと判断したのです。

これはこれで、経営者の判断ですから、仕方が無いことです。ですが、問題は、なぜ、こんな土壇場の段階になって、判断したのか？ということです。

もっと前にこの判断があれば、開発メンバーは、ターゲットを変えるなり、対処のしようがあったはずだからです。

経営者が聞いてなかったわけではありません。開発メンバーは、経営者に対して、ターゲットを含め、迅速かつ適切に報告しています。その時点で判断しなかったのは、経営者の方です。Ｇ社の経営者は、土壇場になるまで、判断を先延ばしにしていたのです。

経営者の状況は、こうです。

開発メンバーが優秀なので、開発のことは任せている。一生懸命やっているので、余計な口出しはしたくない。実は、途中でターゲット製品について、そのリスクの高さに不安を覚えていたのですが、開発のことはよくわからないし、必死にやってるメンバーを見て、とても「止めろ」とは言えない。今すぐ判断しなければならないわけでもないし…こんな風に考えていたのでしょう。

こうして、判断は、先延ばしにされ続けました。その結果、最後の最後になってGOサインがでないという、悲劇が起こったのです。

結局、G社のこの開発は、日の目を見ることは無く、商品になることはありませんでした。当然ですが、これまでに投じられた資金も無駄になります。関わった社員の努力も無駄になります。

経営的には「社長の逡巡が、巨大な損失を生んだ」ということです。極めて不幸で残念なことです。経営者の気持ちももちろん分かりますが、私は開発あがりの人間ですので、人生をかけて挑みやり抜いた開発陣のことを思うと、残念で残念で、残念でなりません。誰も浮かばれないのです。

こういったことを防ぐために、経営者は、しっかりとした開発のルールと仕組み、そしてチェック体制を作り、きちんと開発に要所要所で関与し、判断しなければなりません。

ですから重要なルールとして、

ルール４　経営者は、開発に関与し、適切なタイミングで経営判断をすること

このことは必ず守ってください。

情や思いも大切ですが、一方で、ルールと仕組み、そして、経営者の迅速かつ冷静な判断が必要になります。結局、経営者の判断の先延ばしほど、会社や社員、ひいては経営者自身を不幸にするものは、他にないのです。

3、優れた開発企画のポイント

開発企画を考え抜く基準

ここまで読み進めた人の中には、「開発なんて自社には、自分達には、とても無理」と思った人も居るかもしれません。一種の恐怖を感じた人もいると思います。

ですが、そう感じたのは、間違った開発をイメージしてしまったからです。きちんと仕組み通りにやれば、開発とは、そんなに難しいものではありません。

実際に、1章で説明したK社は、それほど苦労すること無く、1年未満で開発に成功しています。もちろん、その成功の裏には優れた企画がありました。開発に踏み出す前に、入念に優れた企画を立てたからこそ、実現できたことです。

では、K社は、どうやってその優れた企画を立てたのでしょうか？　一つには、これまで説明してきたように、間違った企画を立てなかったことにあります。

まず、「**新技術は使っていない**」ことです。特別な新技術を使わなければならないような企画は立てていないということです。

そして、「**アイデアに頼っていない**」ことです。アイデア出しなどは一切行っておらず、アイデアに頼らずに企画しています。

さらに、**「延長線の開発をしない」**こともポイントです。K社は、アルミを使って軽量化すればコストが大幅に上がるという従来の常識にとらわれずに、また、鉄の改良でやれてきたという過去の成功体験に縛られること無く、考え抜きました。その結果、鉄の改良や形状の工夫といった延長線上からは、到底たどり着けない企画を実現しています。

ただし、**間違った企画をしないというだけで、優れた企画になるわけではありません。**

もう一つ大切なことがあります。

それは、商品が提供する**「価値」に徹底的に集中して考え抜いた**ことです。

K社の商品が提供した価値とは何か？

それは、言うまでも無く「軽量化」です。

従来の鉄の商品に対して、重量を半分にすることに成功し、しかも、大企業のアルミ商品に対しても、2倍の軽量化効果を得ることに成功しています。これだけでも圧倒したと言えるレベルです。ところが、それだけではありません。もう一つ圧倒した価値がありま す。それは、「コスト」です。

K社の開発品は、アルミ化のコストを大幅に圧縮することにも成功しています。従来のアルミ商品に対してはもとより、大企業の開発品に対しても鉄に対するコストアップを2

分の1にすることに成功しています。

K社開発商品が実現した価値は、軽量化と低コストの2つと説明してきましたが、実は、この2つの価値を同時に達成したことに、真の価値があります。なぜかと言うと、この軽量化とコストは、相反関係にあるからです。

アルミなどを使って大きく軽量化しようとすると大きくコストが上昇してしまいます。鉄板を使ってコストを抑えようとすると、今度は、重量が上がってしまう。軽量化とコストは、「どちらかを立てれば、どちらかが立たない」そういうトレードオフの関係にあります。

K社は、商品で実現するべき、「軽量化」と「低コスト」という、二つの価値に集中し、そして、一方を良くすれば、もう一方が悪くなるという課題をどうすれば解決できるのか、ここを徹底的に考え抜くことで、アルミパイプを使うという答えにたどり着きました。

これによって、トレードオフの関係にある軽量化と低コスト化をともに大幅に向上させる企画を立てたのです。しかも、新技術を使うこと無くです。

このように、トレードオフの関係を打ち破って、従来から大きく抜け出した高い価値のことを、当社では、「圧倒的価値」と呼んでいますが、K社は、まさにこの圧倒的な価値を持つ優れた企画を立てたのです。

そして、K社がこうした優れた企画を立てることができたポイントは、徹底的に「商品が実現すべき価値」に集中して考え、その時点の制約であるトレードオフの関係を抜け出す手段を考え抜いたことです。

もちろん、これは簡単なことではありません。頭ではわかっていてもなかなかできない、ということが起こります。それればかりか、これだけ説明しても新技術やアイデアといった、やってはいけないことをやってしまう企業が後を立たないほどです。

アイデアに頼ってしまったE社もそうでした。繰り返し繰り返し、アイデアに頼ってはいけないことを説明しましたが、それでも頼ってしまいました。繰り返しになりますが、結局、やらないとわからないからです。当社が、とにかく「実践とそのためのフォロー」を重視しているのは、このためです。

よく、知識はあるのに結果が出せない人が居ますが、これも原因は同じです。やってないので、わかったつもりでも真に理解はできていません。たちが悪いのは、こういった知識偏重型の人は、知識が増えれば増えるほど、すべてわかったつもりになって、やってみなくなることです。「だって、やらなくても結果はわかっているから。」そういう状態になります。

もし、社内にこういう社員が居たら、社長は一喝しなければなりません。「やりもしないで、わかったことを言うな！」と。

まずは、やらせてみることです。そこからがスタートです。そして、社員が動き出したら、経営者がしっかりとフォローすることです。そのためには、経営者が、仕組みをしっかりと理解しておかなければなりません。

ルール5　商品が提供する「価値」に徹底的に集中して考え抜くこと

次章では、企画に続いて開発の実務について説明しますが、そこまでいくと、いよいよディベロップレスの全体像が理解できるようになります。ですので、経営者が理解しておくべき「ディベロップレスの仕組み全体像」についても合わせて次章でご説明します。

第5章

ディベロップレスで、10倍速開発を実現する具体戦略

1、ディベロップレスを実現していく手順と戦略

ニッチトップ企業が窮地に立たされ考えたこと

ディベロップレス開発を、自社に構築するには、部分部分だけを真似たり実施しても、残念ながら機能することはありません。これまでご説明してきたように、企画は極めて重要ですが、それを活かす開発の仕組みがなければ何も動かないからです。

これらは流れでご説明したほうが、ご理解いただきやすいので、ある窮地に立った企業が、見事にディベロップレス開発の仕組みを構築し、業績を回復、躍進された例でご説明していきます。

私が、自動車業界出身ということもあって、関連の事例を多くご説明してきましたが、当社は、何も自動車業界だけを相手にしているわけではありません。広く製造業全体の様々な企業を支援しています。ここでご紹介する事例も、そんな自動車業界以外の企業です。どういう業界かと言うと、金融業界です。

ずいぶん畑違いの業界と思われるかもしれませんが、製造業が商品を提供している業界は多岐に渡っており、様々な業界があります。この企業もそんな一例です。金融関係の、

ある装置を製造している装置メーカーでした。

売上規模で言うと、数億円で従業員は20数名といった比較的小規模な企業です。ところが販売している装置は、小さい市場ながら圧倒的なシェアを持っており、ニッチトップを持つ、当社が言うまさに優良企業です。

そんなＨ社の社長は、当社が定期的に開催しているセミナーに参加されました。一番前の席で熱心に聞かれていたのを今でもよく覚えています。セミナーが終わると直ぐに、立っている私の所に来て、個別相談を申し込まれました。

当社では、依頼を受けると、必ず相手先の企業に行って、ご相談を受けるようにしてることは前述のとおりです。このときもＨ社長が急いでおられたので、急遽、予定を調整して、Ｈ社を訪問することにしました。

Ｈ社は、ある地方都市のはずれにあり、最寄りの駅からは少し距離がありました。ローカル線を降りてから、タクシーに乗ってなんとか無事にＨ社に辿り着くことができました。周囲は思ったよりも開けていて、タクシーを降りると会社の事務所が目の前にありました。新しくはありませんが、しっかりとした建屋です。

入口の自動ドアを通ると、直ぐ右手に受付があったので、中の女性に社名と訪問理由を告げると、丁寧に2階の会議室まで案内してくれました。何気ないことですが、初めての訪問時の対応は、とても印象に残ります。従業員の教育がしっかりした会社だな、という印象でした。

会議室で待っていると、程なくして、H社長が会議室に入ってこられ、遠くまで来訪してくれたお礼や会社の概要説明をされた後、会社の課題を説明されました。次から次と抱えている課題を前のめりに説明されていたのを良く覚えています。

ニッチNo.1の優良企業が、どんな課題を抱え、なぜ、当社に相談されたのか、かいつまんで説明すると次のようなものでした。

長らくニッチNo.1の装置から安定した収益を得てきたが、その装置の売上が、年々減少している。まだ黒字を確保できているが、このままだと、いずれ赤字に転落してしまうのが確実で、何とか今の内に、次の商品を開発したい、ということでした。

なるほど、これもよくあるパターンです。1章で説明したように、中小企業がリスクを取って開発をするからには、シェアNo.1の商品や部品、技術を開発すべきです。No.1を取って、高収益企業を目指すべきです。

そうして、シェアを取った商品は、長く安定した収益を会社にもたらします。開発は、そのための強力な武器、手段になります。ですから、シェアNo.1を持たない企業は、まず、No.1を取るための開発を目指さなければなりません。

一方で、そうした開発努力をした結果、Ｎｏ．１を勝ち取った企業はどうするべきか？Ｈ社は、まさにそういった企業です。

ここで決して忘れてはならないことがあります。それは、「どんなに強い商品でも、いずれは陳腐化し、価値が下がる」、ということです。シェアを取れば、この陳腐化の速度を遅らせ、通常より長い期間、高い収益を上げることができますが、しょせん速度を遅らせているだけです。いずれは陳腐化します。

したがって、Ｎｏ．１を取ったからと言って、開発への努力をやめていいわけでは無く、開発への挑戦は、企業を存続させる限りは、継続して取り組まなければならないことです。Ｈ社は、長く安定したニッチＮｏ．１商品に安心して、新規開発への取り組みが弱くなってしまっていたのです。

ひとしきり説明を終えたＨ社長は、私に向かって一言、「コンサルティングをお願いできないでしょうか」とご依頼されました。Ｈ社の状況は、まだ間に合うが、急がなければならない状況ということは明白でした。直ちにコンサルティングを開始することになり、毎月、Ｈ社を訪問しながら、まずは、同社の開発のための羅針盤シートの作成から始めました。

イノベーションのジレンマと対策

既存の商品を取り巻く環境の変化について、情報を集め、まずは現状をまとめていったのですが、その結果、驚くべきことが浮かび上がってきたのです。

それは、「現金が無くなる」というものでした。このＨ社は、金融関係の装置メーカーという説明をしてきましたが、要は、現金を扱う装置を作っているメーカーでした。そのＨ社にとって、現金が無くなるというのは、まさに死活問題です。現金が無くなれば、Ｈ社の装置も要らなくなります。

今でこそキャッシュレス決済が日本でも騒がれていますが、Ｈ社と羅針盤をまとめていた時、日本で現金が無くなる、キャッシュレス化が進むというのは、ほとんどの人が考えても無いことでした。ＡＴＭが整備され、偽札もほとんど無く、しかも高齢化が進む日本では、キャッシュレス決済は遠い存在でした。

しかし、海外に目を向けると、当時からキャッシュレス決済が進んでいる国はたくさんありました。有名な所では中国です。中国では偽札が横行していることもあり、ＱＲコード決済が急速に普及していました。また、ヨーロッパでもスウェーデンを始め、キャッシュレス決済が主流となっている国も出てきていました。

「その流れが日本にも来る」当時は、まだ、誰も予測していませんでしたが、Ｈ社と羅針盤シートを作成する中で、その可能性が強く浮かび上がってきたのです。そうなっては、H社の売り上げは、減少どころか無くなってしまい、H社は倒産です。

ここで、少し脱線しますが、この事例の中には、トップ企業が最も気をつけなければならないことが含まれています。それは、一般に「イノベーションのジレンマ」と呼ばれているものです。

市場を支配するトップ企業を倒すライバル。そのライバルはどこから現れるか？往々にして、それは、全く予期しない別の所から現れます。

例えば、2章でも例に挙げた富士フィルムです。もともと、フィルム事業でシェアを取り、圧倒的な存在、トップ企業になっていました。フィルムに関する技術、商品力では、どこにも負けない自信を持っていたはずです。ところが、その後、フィルム事業は大幅に縮小されることになりました。

一体、どこからそんな富士フィルムを倒すような強力なライバルが現れたのか？皆さんが既に知っているように、それは、デジタルカメラでした。フィルムとは直接は関係の無い技術であり商品です。しかし、フィルム事業を縮小に追いやったのです。このように、トップ企業を倒すライバルは、全く別の所から現れます。

怖いのは、ライバルが出現したときには、そのライバルは非常に未熟で非常に弱く見えることです。デジタルカメラも最初は未熟で、とてもフィルムカメラにとって代わるような存在になるとは思えませんでした。

出現当時は、誰しも、その画質を馬鹿にし、「こんなものはだめだ」と思ってしまいます。特に、専門家として精通していればいるほど、使い物にならないという烙印を押してしまいます。ここに怖さがあります。その後、デジタルカメラとフィルムカメラの力関係がどうなっていったかは、ご存知の通りです。

こういった技術や商品が出てきたときは、必ずリスクで考えなければなりません。未熟な技術で、普及しないかもしれない、でも「普及する」かもしれない。そんな状況の時に、普及するのか、しないのかで、ケンケンガクガクの議論をしたり、様々な調査をして時間を無駄にしないことです。

もし、普及したら、我が社のビジネスがどうなってしまうのか？　そのリスクを考えることです。もし、そこに、我が社のビジネスが破壊されてしまうほどの可能性があるのであれば、絶対に手を打つべきです。

「それで、普及しなかったらどうするんだ。無駄になるでは無いか」そんな反論が聞こえてきそうですが、答えは単純です。「無駄になったっていい」ではないですか。普及しなかったら、今まで通りＮｏ.１に君臨し、高収益を得られるのですから。むしろ喜ぶべきことです。

逆に普及してしまった場合、倒産というリスクまで出てくるのです。手を打つしか選択肢はないのです。

このように、トップ企業ほど、別の技術、商品を馬鹿にしてしまい、気づいた時には、手遅れになる、それがイノベーションのジレンマです。

富士フィルムが立派だったのは、この落とし穴にはまることなく、しっかりと対処したことです。まだ、デジカメが未熟だった内に、フィルム以外の事業開発に手を打っていた、だから、富士フィルムの今があります。

このＨ社の場合も状況は同じです。ある分野の現金を扱う装置に関しては、圧倒的なＮｏ．１企業であり、誰にも負けません。ところが、ライバルは、現金を扱う装置とは全く関係ない、キャッシュレス決済という技術だったのです。

これを「まだまだ未熟な技術」だとか、「日本では普及しない」とか、たかをくくってしまうと、それこそイノベーションのジレンマの落とし穴にずっぽりとハマり、気づいた時には時すでに遅し。倒産の憂き目にあう可能性が出てきてしまいます。

羅針盤シートをまとめた結果、一番驚いたのは、何を隠そう、それをまとめた本人であるＨ社長です。

年々下がる売上に不安を感じていたところに、早晩、売上が減るどころか、ゼロになる可能性が示されたのです。表情はこわばり、「これは直ぐに取り組まなければならない」そう決意されました。まだ、間に合うタイミングだったことは、今思うと、非常に幸運でした。

そこから、では、どういう方向に進むのか、進むべき方向を一緒にまとめていきました。そして、3か月ほどかけて、厳しい現状と進むべき方向を示した羅針盤シートをまとめたのです。

H社長は、早速、それを社員に示して説明します。

「我が社を取り巻く環境は、これほどまでに厳しい。生き残りをかけて、この方向に向かって開発を進める」と。

社員も、このままではまずいという、漠然とした不安は持っていました。しかし、どうして良いのかわからず、目の前の仕事を必死に頑張るしかなかった状況でした。そこに、漠然とではなく、明確にされた厳しい現状が、紙面として見える形で、しかも時期を明確にして示されたのです。さらに、どこへ進むべきかまで示されています。

羅針盤シートを見ながら、社員も会社の現状と進む方向について、しっかりと理解してくれました。後から、H社長は、「確実に社員の意識が、あのときに変わった」とおっしゃっていました…と、ここまでは、2章と同じ話です。この章の本題は、ここからです。

H社では、羅針盤シートによって、社員が進むべき開発の方向と、進むべき理由をきちんと理解し、やらなければならないという意識をしっかり持つことができました。後は、社員に任せておけば、開発が進んでいく…経営者としてはそんな風に期待します。

ところが、現実はそんなに甘くはありません。厳しい現状と進むべき方向を示せば、後は社員が率先して動いてくれる、そんな優秀な社員の居る中小企業はほとんどありません。現実は、そんなに甘くないのです。

2、できない開発をできるに変える秘訣

開発は、分からなくてもできることを知る

いざ開発を始めようとした段階になって、社員、特に技術者から、次々にできない理由が出ることがあります。一体、これにどう対処すればいいのか、実務としてこれは極めて重要となります。

H社の場合も、あれができない、これができない、あれがわからない、それがわからない、と次々にできない理由があがってきました。社員もやらないといけないことはわかっています。そして、やるべき方向もわかっています。それでもできない理由ばかりが出てくるのです。なぜでしょうか?

一つには、H社がまとめた、やるべき方向というのがあります。その方向とは、キャッシュレスという異分野からの破壊的技術に対して、No.1に君臨してきたこれまでとは全く異なる分野に、新規市場開拓を狙って開発するという方向でした。

新しい分野の開拓になるため、当然、社員が知らない技術、情報があるわけです。そのため、やらないといけないことはわかっていても、実際にやろうとすると、あれがわから

ない、これがわからない、だから、できない、となったわけです。これは、新しい分野の開発を目指すときには、必ずといって良いほど直面する問題です。

さて、こういった状況になった時に、我々は、一体、どう対処したら良いのでしょうか？「新分野でわからないことだらけ。確かにわからないままでは先に進まないから、その分野を皆で勉強することから始めよう」とか、「早速、来週から、週に一日勉強会を開催しよう」とか…。

これは良くあるパターンです。しかし、変化の激しい時代、待った無しで破壊者が現れる時代、そんなのんびりしたことをやっている暇はありません。勉強しているうちにライバルが登場し、手遅れになってしまいます。

「そうは言っても、わからないものはどうしようもないではないか？」そんな反論が聞こえてきそうです。H社の社員もまさにそういった反応でした。

しかし、「わからないからできない」それそのものが思い込みです。なぜ、それが思い込みであることに気づかないのか？

わからなくてもできるのに…、もっとスピーディーにできる手段があるのに…、勉強から始めるようなのんびりとした策では無く、もう一つ選択肢があるのに…、まずは、このことに気づくことです。

実際に、H社は、その選択肢を取り、勉強に時間をかけること無く、直ぐに開発をはじめました。

では、なぜ、多くの企業がその選択肢に気づかず、あるいはその選択肢を取らずに、わかならい、できないという答えを出したり、勉強から始めたりするのか?そこには、多くの企業がハマっている、抜け出せない落とし穴があります。

進むべき方向を示して、自分達がやるべきことはわかった。でも自分達の知らない分野だから、勉強しないといけない。ところが勉強している時間も無い。だからできない・・・

そうでは無く、他に選択肢があるのに。

なぜ、その選択肢が浮かばずに、できないということになるのか?そこにはある強烈な思い込みがあります。H社もすっかり思い込んでいました。

どういうことか?

H社の社員たち、さらにはH社長も、別の分野に進むとなった時に、誰もそんなことは言っていないのに、自動的に、次のように考えていたのです。

「すべてを自分達でやらなければならない」

誰も自分たちでやれとは言っていないのに、勝手に、そう思い込んでしまっていたのです。これを一つの言葉で表現すると、「自前主義」と言います。

多くの企業が、開発というと、自分達ですべてやらなければならない、と勝手に思い込んでいます。誰もそんなことは言っていないにも関わらずです。

H社の場合も、自分達ですべてやらないといけないと思ったから、あれがわからん、これがわからん、だからできないとなったのです。だれも「自分達でやるように」とは言っていないにも関わらずです。

そんな別分野に乗り込むのに、別の技術が必要なのに、最初からすべてを自分達でできるわけがないのに。

そんなことは分かり切ったことです。それにもかかわらず、自分達でやらなければならないと自動的に考えて、わからないからできない、という風に短絡的に考えてしまったのです。

だったら、自分達でやらなければいいのに。しかし、社員の誰からもその発想は出てきません。本来であれば、別分野に進むことになった際、自分達にはわからないとなれば、まず、「これは自分達でやらなければならないのか？」という質問が出てくるのが当然のはずなのにです。

皆、疑問も何も抱かずに、自分達でやらなければならないと、完全に頭から自動的に思い込んで、勝手にしょい込んでしまっているために、考えがでてこないのです。

そして、「そんなの無理です」と言ってしまいます。なぜ、そこまで飛び越えてしまうのか？ なぜ、その前に、自分達でやらなければならないということに対して疑問を持たないのか？

それは、自分達でやらなければならない、と思い込んでいるからに他ならないのですが、これを無意識にやっているところが、自前主義の怖いところです。では、なぜ、自分達でやらなければと思い込み、自前主義に陥っているのか？ 多くの場合は、

「自分達でやらなければ、差別化できない、特徴を出せない、直ぐに真似される」

というものがあります。

ところが、これも思い込みです。自分達でやらなくても、差別化はできますし、特徴を出すことも、模倣を防止することもできます。思い込みに過ぎません。

自前主義のデメリット

それに対して、自前主義のデメリットは、極めて大きいものがあります。実際に現れていますし、たくさん見てきました。

まず、自前主義に陥り自分達でやらなければならないと思い込むと、すべてを自分達でやらなければなりませんから、結局、「自分達でできることしかしなくなる」ということが起こります。そうすると、自分達にできる範囲に留まる、自分達にできる狭い範囲から出なくなる、そこに閉じこもるようになります。

その結果、仕事や事業が広がらず、似たような場所で、ひたすら改善・改良を進める。その内に、競争が激しくなり、商品が陳腐化し、価格が下落し、低収益に苦しむということが起こります。

すると、社員は、「自分達にはこれしかできないし。仕方がない」と自信を失ってしまいます。そんな自信を失った企業からは、誰も高いお金を払って商品を買うようなことはしなくなります。すると、ますます商品の価値も会社の価値さえも下がって、低収益の地獄から抜け出せなくなる、そういった悪循環が起こります。

外部依存、下請け、受け身体質も同じところから起こります。自分達でできることしかやらず、そこから出ないのですから、商品を開発、製造する上で、その他の多くの必要な部分を外部に依存することになります。

一度依存すると、そこから抜け出せなくなり、依存体質、受け身体質が染みついてしまいます。これというのも、発端は、自分達ですべてやらないといけないと思っていることにはじまっているのです。

自分達の実力を無視して、自分達ですべてをやらないといけないと思い込むから、結局、何にもできない、これしかできない、という不完全な状態になるのです。誤解を恐れずに言わせてもらえば、

「自分達でやろうとするから、何も自分達でやれなくなり、下請けになる」


ということです。

経営資源の限られる中小企業に、自前主義は無理があるのです。

現代は、必要な技術が多岐に渡り、しかも専門度が高まっています。そして人手不足の時代です。さらに加えて、2章で説明したように、製造業が、企画や販売もやらなければならない時代です。そんな時代に、何でもかんでも、自分達でやれるわけがありません。

何でも内部でやろうとすると、何一つ、完全にはやれなくなります。

そもそも自前主義が通用するのは、内部の進化速度が外部の進化速度よりも早い場合です。そして、多岐に渡る実施事項をすべてやるわけですから、莫大な経営資源が必要になりますが、それをまかなえる企業だけに許されるのです。

今、日本の最大手企業でさえ、外部の進化や変化についていけずに、自前主義を変えてきている時代です。そんな時代に、経営資源の限られる中小企業が自前主義をやろうとするのは、まさに無謀であり無茶であり、自殺行為ということです。

外部の進化を社内に取り込む

では、どうするべきか？　答えは単純です。「外部を活用する」ことです。外部の進化が速いのですから、その外部の進化を社内に取り込んでくることです。

外部の進化を拒絶して自分達にはできないと考えるのではなく、外部の進化を自社に取り込んで、「外部を使えば、何だってできる」と考えることです。

そして、全部、自分達でやらないといけないと思い込んでいる社員を　その思い込みから解放してあげることです。

社員は、すべてを自分達でやらなければならないと思い込んでいます。ですから、社員に対して、厳しい現状を示した後、進むべき方向を示すときに、「新しい分野だから自分達にすべてできないことは良くわかっている。すべてを自分達でやる必要はないから、上手く外部を使って、開発していこう」ということを最初に説明して、社員を自前主義から、そして、「できない」という思い込みから、解放してあげることです。

その上で、では、**どこを社内でやって、どこを外部を使うのか、その判断基準を示してあげる**ことがポイントなのです。

本書の初めにご紹介した、鉄のプレスメーカーを思い出してください。もともとは鉄のプレスしかしていなかった会社です。それがなぜ、1年足らずの短期間でアルミのプレスができるようになったのか？

それは、強力なアルミの知見を持つ、「外部のアルミメーカーを自社の開発に巻き込んだ」からです。外部を巻き込むことによって、外部が持つ技術を社内に取り込み、短期間で開発できたのです。

極めて重要なポイントです。大切なことは、外部を巻き込むことです。決して、すべてを自社でやることではありません。経営資源の限られる企業は、シェアNo.1を取りにいく開発を目指すべき、と言いました。だからこそ、どこを社内でやるか、どこまでやるか、その見極めこそが大事なのです。

シェアNo.1を取りに行くということは、少なからず新しい分野に入っていくということになります。そういった開発を自分達ですべてやることは不可能です。さらに、現代は、必要な技術が多岐に渡り、専門度も高まり、変化が加速している時代です。この条件下で有利に戦う方法こそ、**外部を巻き込んだ開発、ディベロップレス開発**なのです。

誤解しないで頂きたいのは、自前主義を完全に否定しているわけではありません。自前でやるべきことは、当然あります。例えば、コア技術です。

コア技術を追求して、コア技術を自社に持つことは大切なことです。ですが、すべてを自前でやることは、いずれにしろできませんし、多くの企業で、自前でやろうとしている範囲が広すぎます。特に、新規開発、新市場開拓となれば、なおさらです。

面白いのは、こうした「外部を使って、増員ゼロで10倍速開発を目指しましょう」という話をすると、「やろうと思えば簡単にできる」という反応が少なからず返ってきます。外部に依頼して発注、すなわち、外注すれば誰でも簡単にできる、そういう反応です。しかし、実際には、そう簡単にできるものではありません。

現に、「簡単にできる」と主張する企業の多くは、実際にはやっていないか、できていないところがほとんどです。

では、なぜ、やらないのでしょうか？　そんなに簡単にできるのであれば、やればいいはずです。やらない理由を聞くと、だいたい次のような答えが返ってきます。

・自社でやらずに外部を使うと、差別化できない、技術が残らない
・外部を使うと、やり取りでロスが生じてしまうため、自社でやった方が早い

これらは、もっともな理由に聞こえますが、これは大きな誤解であり、まさに思い込みです。そもそも、「外部を使うと差別化できない」というものですが、本当でしょうか？

商品の何から何まで、すべてを差別化しなくても良く、差別化すべき重要な部分だけを自社でやり、それ以外は外部でやれば済む話です。貴社では「ネジ」一つから何から何まで自前で造りますか？　そんなことはないはずです。重要なことは、「どこを自社でやって差別化し、どこを外部にやらせるか」です。

外部を使うと差別化ができないと考えている企業は、多くの場合、お客様に提供する商品や製品では無く、実現手段である「技術で差別化しようと考えている」企業です。そのため、実現手段は、すべて自社でやらなければならないと考えています。その結果、時間をかけて自社で開発を進めてしまうのです。

こういった企業が絶対に気づかなければならない、目を背けてはならない事実がありま す。それは、**「商品や製品の実現手段は一つではない」**という事実です。

お客様に提供する商品や製品の実現手段は、たくさんあります。ある方法がだめなら、別の方法を取ることができます。

たとえ、時間をかけて苦労して独自の技術で商品を開発できたとしても、多くの場合、かわす方法、別の手段を取ることが可能です。世に五万とある特許のほとんどが、かわされ、効力を発揮していないのが何よりの証拠です。

もし、手段が一つで、その手段によって実現できる商品が売れているのであれば、その手段に関する特許は、売れているはずです。しかし、実際には、売れる特許は極めてまれなのが現実です。

使われず、放置された特許を有効活用しようと、自治体や商工会議所が中心となって、特許の利活用が進められているほどです。それだけ、**特許が取られていても、それを使わずに実現する別の手段が見つかる**ということです。

そうでは無く、差別化すべきは商品そのものであり、商品の価値です。実現手段が何であろうと、「この商品、この価値を実現し提供したのは、○○社だ」と顧客に認識させることです。そのためには、商品や価値そのものを差別化しなければなりません。

そして、この差別化を実現するためにも、企画だけは、絶対に自社でやらなければならないのです。これの考え方と手順を、当社は必死にお手伝いしている訳です。

「わかるけど、実現手段が差別化されず、何でも良いのであれば、そんな商品は、直ぐに真似される」そんな声が聞こえてきそうです。

しかし、そんな不安は無用です。**実現手段が差別化できていなくても模倣防止は十分に可能**だからです。

お客様が価値を感じてくれている限り、その価値の代替は効きません。ですから、その価値さえ押さえてしまえば、模倣を防止することができます。ここも間違いやすい大きなポイントです。

「外部を使うと差別化できない」と思い込んでいるのは、すなわち、**企画は差別化せずに、手段で何とか差別化しようと考えている**からです。

手段で差別化しようとすれば、手段である技術開発を外部に出すわけにはいきません。そして、この考えが、そもそもの間違いの元になっています。手段を差別化しても、別の手段を取られたら、それまでです。まず、このことに気づかなければなりません。

「自社でやった方が速い」という勘違いについても同様です。これを理由にしている企業は、「外部の活用＝自社でできることを外部に依頼すること」そう思い込んでいる企業です。すなわち、自社と同等以下の企業を活用することを前提にした企業です。

自社でもできることを、自社と同等か、言葉は悪いですが自社よりも能力の低い企業に外注に出すのなら、それは自社でやった方が早いに決まっています。そもそも、その外部の仕事のスピードは自社より遅く、外部とのやり取りの仕事が加わりますから、どうしてもそこにロスが発生します。

これは要するに、「外注＝安いから出す」という考えの現れでもあり、優れた開発をするという思考とは真逆とも言えます。社内でやり切れないものだけ、外注というか、下請けに出す考えですから、これでは、当然ながら、経営資源の有効活用、時間の短縮にはならず、まして増員ゼロ10倍速開発にはなりません。

そうでは無く、**自社よりも遥かに優れた企業を活用すること、自社では到底できないことをいとも簡単にやってのける企業を巻き込むこと**、これができて初めて増員ゼロ10倍速開発が可能になります。

経営資源の限られる企業でも、ディベロップレスの仕組みを整えて、実践すれば、自社よりも優れた企業を巻き込むことは十分に可能です。そればかりか、自社より優れた企業のほうから、無償で協力を願い出てきてくれるという夢のような状況さえ、創り出すことは可能です。現に、鉄プレスメーカーがこれを証明していることはご説明のとおりです。

外部を巻き込む開発で注意すべきポイント

外部を巻き込むといった場合に、よく引き合いに出てくる手法があります。それは少し前に流行った「オープンイノベーション」やこれから流行るであろう「アジャイル開発」と呼ばれているものです。

これらの手法も、上手く外部と協業して開発していく手法であり、上手に活用している企業も多いのですが、外部活用だけに、特に中小企業が気をつけなければならないことがあります。

それは、「自社が主導できなければ意味がない」ということです。外部を動かすのですから、当然と言えば当然です。外部の他者に主導権を握られてしまえば、元の木阿弥といいますか、また下請けになってしまいます。

元々、下請け体質だった企業の場合、この「主導する」という部分は、訓練が必要です。自社が引っ張っていくという感覚が乏しいからです。これらは企画を立てていくところからも必要で、当社でも、リーダーに主導の方法を具体的に指導していますが、極めて重要なポイントと言えるでしょう。

ちなみに、この「オープンイノベーション」や「アジャイル開発」といった手法については、「経営資源の限られる企業が、これらの手法で主導するのは極めて難しい」ということも、覚えておいてください。

なぜなら、これらの手法で開発を主導するためには、「高度な開発経験を必要とする」からです。経験が浅く、人財の限られる中小企業では、主導するどころか、ついていくのも困難になるケースがとても多いのです。

ですから、中小企業の場合、普通の社員が、主導できるような仕組みを持つことです。それが、人財の限られる企業が選ぶべき方法です。

そして、普通の社員が、外部を巻き込んだ開発を主導できるようになるためには、2つの仕組みが必要となります。

一つは、**外部を巻き込む仕組み**です。外部企業、特に巻き込むべき有能な企業は、黙っていては、巻き込まれてくれません。どんな企業をどうやって巻き込むか、そのための仕組みが必ず必要になってきます。

自社からどう働きかけていくのか、どう寄ってきてもらうのか、活動していく体制がなければ仕組みになりませんので、これらを策定してく必要があります。これらも、開発企画の段階から、一つ一つ決めていきます。

もう一つは、**外部を動かす仕組み**です。外部を巻き込んだだけでは、上手く動かすことはできません。そのままにしておくと、皆が好き勝手な方向に進み、開発が空中分解してしまいます。巻き込んだ後に、その企業をどう動かしていくのか、そのための仕組みが必要です。

これについても、進行状況などの情報が常に交換され、そして意思疎通が外部とスムースに行われる体制づくりが欠かせません。これらもディベロップレス開発体制を築く上で、極めて重要なものになります。

大事なことは、外部を巻き込んだ開発をする上でこれら二つの仕組みは両方必ず必要であり、どちらも必ず社内に持たなければならない、ということです。

繰り返しますが、すべての開発を自社でやる必要はありません。自社に必要なのは、

「外部を巻き込む仕組みと、外部を動かす仕組み」

なのです。

この二つの仕組みを持てば、短期間で大企業を凌駕するような開発が、経営資源が限られる企業でも十分に実現できるのです。

このとき、外部を巻き込むためには、前述した圧倒的な価値を持つ、優れた企画が必要となりますが、次のような点を押さえることが重要です。

・どこのどんな企業を、どんな価値で、引き付けて巻き込むのか？
・そして、その企業のどんな技術を取り込むのか？
・全部で何社、どの企業とどの企業を、巻き込まないといけないのか？
・それらの企業を、十分に巻き込める勝算はあるのか？

これらのことを企画の段階で策定しておかなければならないのです。

企画してみて開発の段階になってから、巻き込もうとしても、そんなに都合良く意中の企業は巻き込まれてくれません。巻き込めないとなると、その企画は、実行不能となり、また、最初からやり直しとなります。

優れた企画、圧倒的な価値は、外部企業を巻き込むために必ず必要ですが、圧倒的価値があれば無条件で巻き込める、というものではありません。圧倒的価値は、必要条件ではあっても、必要十分条件では無いのです。

企画を立てる際には、外部を巻き込むことを前提にすること。これが、重要になります。

外部を動かす開発に必要な計画

もう一つの欠かせない仕組みである外部を動かす仕組みにおいて、重要になるのが、計画です。この計画もまた、ただ立てれば良いというものではありません。

外部を動かす開発に必要な計画は、社内だけで開発する場合と比べて、レベルが数段上がります。

社内だけで開発するのであれば、たとえ計画書がなくても開発を進めることは可能ですが、外部を動かすとなれば、そうはいきません。計画書の作成とその運用は必須であり、当然難易度も上がります。

大きな理由は、「あうんの呼吸」とか「なんとなく」といったものが通じなくなるからです。技術系の方だと、「うちはそんな曖昧な方法は使っていない」と思われる方も多いかもしれませんが、実際には無意識で使っているものです。

例えば、社内の関係者であれば、毎日のように顔を合わせているメンバーであり、いつでも会ってコミュニケーションをとることができます。相手の性格や仕事のやり方も、ある程度わかっています。

ですから、関係者の帰宅が早ければ、順調に進んでいることがわかったり、逆に、連日帰宅が遅いとなれば、何か問題があったのかも…と、すぐに「察する」「感知する」ことができます。

一方で、外部の企業と開発する場合は、こうはいきません。毎日顔を合わせるわけでは無く、メンバーの性格も仕事のやり方も相手企業の慣習もわかりません。

それどころか、相手企業の中で顔合わせをしているのは、窓口担当者や責任者くらいで、開発に携わっているメンバーの人数も、顔も名前も知らない、といったことも珍しくありません。このような状態で、計画なしで開発を前に進めようとすれば、なかなか進まないことは想像に難くないでしょう。

外部を動かす開発を成功させるには、こうしたことを前提とした計画を立てることが必要となります。外部企業で何か遅延や問題が発生したら、それがすぐに把握できるように、適宜ポイントに応じて、確認し合う仕組みなどを決めておかなければなりません。

そして、実は、外部を巻き込んだ開発をするためには、もう一つ、欠かせない三つ目の仕組みがあります。

3、ディベロップレスに必要な仕組みの揃え方

外部から優秀な人財を連れてくるな

外部を巻き込んで動かすためには、もう一つ社内に欠かせないものがあります。それは、外部を巻き込んで動かしていく、リーダーの存在です。外部を引っ張り、開発を引っ張る、開発リーダーが必ず社内に居る必要があります。

リーダーを外部に頼ることは、すなわち下請けになることですから、**リーダーは、必ず社内に必要**になります。開発する人、開発者は必ずしも社内に居る必要はありませんが、リーダーだけは絶対なのです。

したがって、当社がご支援する企業で、開発部門やチームを持たない企業に対しては、最初は一人でも良いから、必ずリーダー候補を選定して、開発に取り組むようにしてもらっています。

当然、単に居ればいいという問題ではありません。外部を巻き込んで動かす能力が必要です。しかし、逆に言えば、リーダーが一人居るだけで、「外部を巻き込みながら開発を進めることは可能」ということです。ですから、何度も言いますが、リーダーだけは、社

内に持ってください。

ただし、これは経営資源の限られる企業にとっては、想像以上に難しいことです。しかし、開発型企業を目指すには、ここを乗り越えなければなりません。

このリーダーが必要だということになったときに、よく人財が乏しい企業の経営者がやってしまう、大きなミスというのがあります。

開発に取り組もうとしたとき、大抵の人は、頭の中で「リーダーをやれる人が必要」と感じます。そうしたときに、開発をやれるリーダーですから、「よっぽど優秀な人財でなければならない」、という風に考えます。

こう考えて優秀な人財を探すわけですが、そんな人財はたいていは社内には居ません。仮に居たとしても重要なポジションを担っているはずで、そうそう直ぐには業務を変更できないはずです。

そうしたときに、つい、間違った行動を取ってしまうのです。経営者がよく取る間違った行動とは、「外部から優秀な人財を連れてこようとする」ことです。

当社にご相談に来られた企業の中にも、少なからずこのミスを犯してしまった企業がいました。開発を始めようとしたとき、優秀な人財を求めて、外部にあたっていたのです。そして長らく大企業の開発部門に携わっていた引退間際のベテラン社員を招へいし、この人をリーダーとして迎え、開発に取り組むことにしたのです。

それから数年が経って、そのベテラン社員も高齢化し、これ以上現役で続けさせるのが難しくなってきたという、その段階になって初めて、この会社の社長は、ある大きな問題に気づいたのです。それは、「開発における、後継者が全然育っていない」という恐ろしい問題です。

大企業の優秀な社員は、自分で開発するのが得意な人たちです。ですから、自分でやることはできます。ところが、中小企業の社員に対して、「開発がやれるように育成する能力」があるかどうか…となれば話は別です。

特に、大企業で育った人は、周りもそこそこ優秀な人に囲まれているので、部下と開発をするときも、その部下もある程度優秀であり、それほど意識せずとも、部下はやるべきことを吸収して育ってくれます。

しかし、残念というべきことに、中小企業の場合はなかなかそうはいきません。自分で勝手に吸収して育ってくれるということは難しく、まして、開発などしたことが無い部下ばかりを相手にするのです。いくら実績のあるベテランと言えども、ギャップが大きすぎるのです。

このギャップを埋めながら部下を育てていくのは、容易なことではありません。大企業の社員は、そんな面倒なことをやったことが無いのですから、無理もないことなのです。さらに言えば、そもそも、元大手企業のベテラン社員には、開発の仕組みを会社の中に作ることなど、とてもできないと考えるべきです。

なぜか？　大企業には、もともと開発の仕組みがあるからです。大企業の社員は、入社したときから、ある程度の仕組みがあり、その仕組みの中で仕事をしてきた人たちです。仕組みがあるから大手になっているのです。

仕組みを作るなどということは、大企業の社員は、ほとんどやったことがありませんし、たまに、ゼロから立ち上げた…といったことが話題になってマスコミなどに取り上げられることを見れば、いかに珍しいことか、ということです。

ちなみに、私が前職時代に最初に所属した開発部門は、仕組みがほとんど無く、仕組みを一から作らなければなりませんでしたが、これは、異例中の異例です。仕組みを自ら考えた人など、通常は大企業には居ません。

だから、仕組みづくりを期待して、大企業のベテランを呼ぶとしたら、これはそもそもお門違いくらいな人選ミスをしているということです。

外部のベテランに委ねた時の本当の弊害

先ほどのミスをしてしまった会社の場合は、招へいしたベテラン社員は、「何かしらの開発」は、やってくれたそうです。持ち前の優秀さを発揮して孤軍奮闘したのでしょう。この分については幸運でした。

しかし、そこまでです。下に部下を何人も付けていたのですが、彼らはベテラン社員から頼まれた作業をこなしていただけで、とても開発全体を理解するところまでは至っていませんでした。そのため、そのベテラン社員が居なくなると、途端に、誰も開発できない、という状態に陥ってしまいました。

こうした会社はいくつもあり、もっと悲惨な例もあります。その企業は、先の会社と同じように招へいしたベテラン社員に、部下を付け、部下を育てながら、開発をやってほしいと指示していたそうです。

指示されたベテラン社員は、一生懸命、その部下を育てようとしたそうです。ところが、やはりそのベテラン社員と部下の間のギャップは大きかったのでしょう。その部下は、途中でついていけなくなり、体調を崩し、残念なことに退職していったのです。

その結果、周りの元々の社員は、怖がってそのベテラン社員には近づかなくなり、ベテラン社員は孤立してしまったため、開発も、そして開発体制も、すべて止まってしまったという何とも不幸なことが起きた例もあります。

大企業の経験者を連れてくれれば、「社内で開発ができるようになる」というほど、現実は甘くないことを忘れないでください。

大企業の社員は、中小企業の社員と一緒に仕事をしたことも無ければ、育てたこともありません。まして、開発の仕組みを作ることなどやったことがありません。そんな経験者を連れてきても、良くて単発の開発ができる程度です。

ですから、外部から連れてくるのではなく、最初は苦しくても、しっかりと社内で育てることです。そして、そのための仕組み、開発リーダーを育てる仕組みを社内にしっかりと築くことです。

最初は難しく感じるかもしれませんが、企画をリーダー候補者が立てていく過程、そして開発を成功させていく過程で、これらは必ず実現していくことができます。そしてこの結果、継続して儲かる開発に取り組める開発型企業になることができるのです。

中小企業には、こう言ってなんですが、特別優秀な社員は珍しく、多くは普通の社員です。そこを逆手に取るのです。普通の社員が、開発リーダーをやれるように、開発の手順、流れ、そしてルールを作り、それを決めていくのです。それが仕組みになります。優秀な社員に頼っていては、これはできないことです。

ここまでの説明をまとめます。これから中小企業が開発型企業になって成長していくためには、大きく三つの仕組みが必要なことがお分かりいただけたと思います。

一つは、外部を巻き込む仕組み、
もう一つは、外部を動かす仕組み、
そして、最後の一つは、開発リーダーを育てる仕組み

です。これら三つの仕組みを社内に持つことによって、初めて、開発型企業になっていくことができるようになります。そして、この三つの仕組みだけは、何があっても社内に持つことです。

当社が開発未経験の企業にお伝えしていることは、最初は一人で良いから、リーダー候補を選定し、そのリーダー候補と外部を巻き込みながら開発を進め、リーダーを育てていくこと。そして、その開発を成功させること。

そうしていく中で、徐々に仕組みを築いていき、成功例が二つ、三つと出てきたら、体制を整備し、拡大していくこと。小さく始めて大きく育てること、これをお勧めしています。

もちろん、ある程度開発をやって成功できている企業は、仕組み化と体制強化を同時にやっていくことになります。

話をH社に戻します。H社とは、羅針盤シートで危機感と進むべき方向を示した上で、リーダー候補としてIさんを選定し、そのIさんに、「外部を巻き込む手順」と「動かす方法」を伝授していきました。

最初は、Iさんも、「自分にできるのでしょうか、とても無理だと思うんですが…」といった風に、ずいぶんと不安気に、尻込みしていました。それでも実際に、企画書、計画書を作成しながら進めていく内に、外部を巻き込むやり方と、仕組みを理解していきました。すると、コンサルティングの回を重ねるごとに、不安が徐々にですが、消えていくのがはっきりとわかりました。

そして、コンサルティング中に、進出したい分野の業界Ｎｏ．１と言ってもいいほどの強力な外部企業を巻き込むことに成功したのです。

さらに、コンサル終了後、わずか4か月で新分野への新規商品の開発に成功し、市場に出すことができました。

社内で開発を率いたのは、Iさんただ一人です。もちろん、当社と社長の全面的なバックアップと、要所要所での他の社員の協力はあったわけですが、基本的に開発を引っ張ったのは、Iさんただ一人です。

そして、外から見ていて強く感じたことがあります。それは、「リーダー候補」であったIさんが、開発中にみるみるうちに育っていったことです。

最初は不安でうつむき気味だったのが、だんだんと顔が上がり、目つきもしっかりしてきて、強い自信を感じるようになっていきました。これは、H社長が、実際に言われたことですが、「彼がここまでやれるとは…」と、正直、驚いていたほどです。

このことが、更なる副次効果をH社にもたらしました。それは、開発には直接かかわっていない、周りの社員についてです。

はっきり言って、最初、周りの社員は、我々のことを次のように思っていました。「また、社長が、どこの誰だか、わけのわからんコンサルタントを連れてきて何か始めたよ。どうせ、失敗するさ」と。

その内、自分達の同僚がリーダー候補に選ばれ、「あいつかわいそうに。選ばれちゃったよ。貧乏くじを引いたな。かわいそうに」と、同情する目です。

ところが、選ばれた同僚が、みるみる雰囲気が変わっていき、自信に満ち溢れ、目が輝き、嬉々として仕事をやり始めます。そして、遂には、開発を成功させてしまったのです。

驚いたのは、同情していた社員です。

最初は、貧乏くじと思っていたのに、だんだんと、うらやましく感じるようになっていました。そして、これなら自分達にもできるかも、自分達もやりたい、と思うようになったのです。

こうなったらしめたものです。開発型企業となって成長していくための最も重要な土台となる社内の空気が出来上がったのです。まさに受け身で長年やってきた企業が、生まれ変わる瞬間です。

このように、開発型に変わるためには、いきなり意識を変えようとしても無理がありますす。少しずつ、雰囲気を変えていくことです。

こういう過程を経て、H社は、開発型企業に変身していくことに成功したのです。

H社と作り、リーダー候補が開発するための指南書にもなった、外部を巻き込む企画書と外部を動かす計画書、これを当社では、「開発バイブル」と呼んでいるのですが、その開発バイブルの現物が、次頁の写真です。詳しくは、当社のホームページにありますので、もし、ご興味があれば、ご覧ください。

株式会社シンプルテックプラン、ホームページ　https://www.stecplan.com

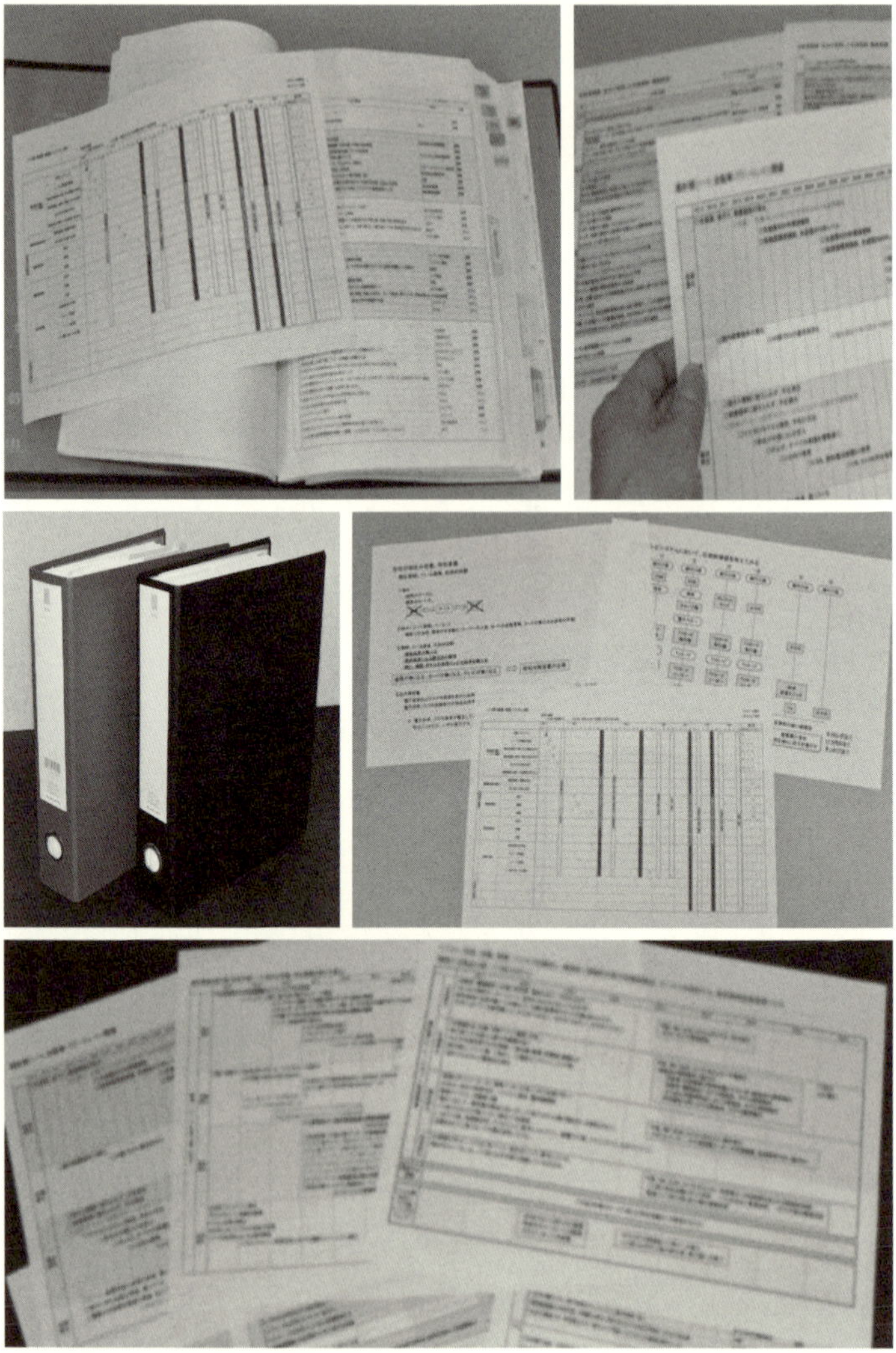

羅針盤シートなどを収めた各社の開発ファイル。社外秘につき画像処理しています。

以上が、この章の説明になりますが、大事なことを次にまとめておきます。

・自前主義にこだわり過ぎないこと
・外部を巻き込んだ開発をすること
・外部を巻き込んだ開発をするために、次の三つの仕組みを　社内に　持つこと
　①外部を巻きこむ仕組み
　②外部を動かす仕組み
　③開発リーダーを育てる仕組み

次章は最終章ですが、この外部を巻き込んだ開発で、いかにして事業を成長させていくか、そのための長期戦略についてご説明します。

第6章

ディベロップレス革新で年商100億を超えていく

1、年商100億を超えるには、何が必要か？

強みに対する2つの誤解

これまで、様々な事例を通じてご説明をしてきました。鉄のプレスメーカーとエンジン部品メーカー、それから金融装置メーカーなど、これらの企業は、もともと、それぞれの分野で道を極めてきた企業です。

鉄のプレスメーカーであれば鉄のプレスを、エンジン部品メーカーであれば部品の製造を、金融装置メーカーであれば現金を扱う装置を、ずっと極めてきた企業です。

ただ、これだけでは、大きく成長することはできません。ある程度のところまで来ると、成長が鈍化するか、止まってしまいます。一つの分野、一つの商品、一つの技術で稼ぐことができる限界に達してしまうからです。

成長していくためには、やはり、自社の強みというのを大きくしていかなければなりません。この強みというものは、企業経営者の皆さんがよく関心を抱くことだと思います。ところが、この強みに関して、多くの皆さんが誤解している点が二つあります。一点目は、強みを一つだと思っている点です。

我が社の強みは何か、ということを考え始めたときに、多くの人が会社の中で最も競争力のあるものは何か、と社内で一番優れているものを探し出して、「これが強みだ」と、一つのことを強みとして選び出そうとします。

そうして、自社の優れている部分を一つ選び出したら、それを強みとすべく、ひたすらそこを極めようとします。これは、職人気質が強い、日本企業が良く取る典型的なパターンと言えます。

誤解しないで頂きたいのは、極めること、これ自体を否定するつもりは全くありません。何かを極めることは、競争力を高めることになり、大切なことです。これはこれでやるべきことです。ただし、極めるものが一つでは、その競争力に限界があるということです。確かに、極めるものが一つでも、その一つの分野では、競争力が高まります。ところが、その分野の外側では、競争力を発揮することができません。

その特定の分野が成長しているときはこれでも良いのですが、一度、その分野が停滞や下降を始めると、その中でいくら競争力を高めても、良くて現状維持、そうでなければ、じりじりと売上が下降線をたどっていくことになります。

何かを極めることは、大切なことですが、あまりにも長く一つのことばかりやっていたのでは、いずれ、その分野が斜陽分野になったときに、運命を共にすることになってしまいます。

このように、強みが、一つの分野、一つのことに偏っている状態というのは、経営的に非常に脆い状態です。経営を安定させ、企業を成長させるためには、強みを複数化していくことが必要になります。

例えば、ご紹介した鉄のプレスメーカーです。このメーカーは、もともと鉄のプレスを極めてきた企業です。ところが、この鉄のプレスだけを極めていたのでは、競争力はなかなか高まっていきませんし、事業も拡大しません。なぜなら、鉄のプレスができる企業は、世界中に何万社とあるからです。

どんなに鉄のプレスを極めても、なかなか上位に食い込んで目立つ存在になることは、できません。実際にこの鉄のプレスメーカーは、それなりの技術レベルにありましたが、では、世界のトップクラス化と言うと、そんなことは無く、だいたい平均よりも少し上、といった認識しか外部企業からは見られていませんでした。

それならばと、さらにプレス技術を磨いて極めていったら、トップクラスになってシェアが取れるようになるかというと、それは、とても無理です。あまりにもライバルが多すぎます。

世界で戦える強みを持つ秘訣

このように、一つだけでは、強みとして競争力を高めるのは、非常に厳しいものがあります。ところが、この鉄のプレスメーカーさんには、もう一つやれることがありました。それは、自動車部品がやれる、ということです。

鉄のプレスができる企業であれば、どこでも自動車の部品がやれるかというと、決してそんなことはありません。それ用の技術や体制が必要になります。これを整えている企業となると、だいぶ少なくなってきます。

一般的に、一つやれることを増やすと、だいたい競合は、一桁減ってきます。私はよくこの法則を用いて指導を進めるのですが、鉄のプレスができる企業の中で、自動車の部品までやれる企業となると、その内の多くても10社の内の1社というイメージです。ライバルがぐっと減ります。

ただ、それでも競合は、世界に数百社程度は、いることになります。この鉄のプレスメーカーは、その数百社の中には、入っていますが、では、その中でトップクラスだったかというと、残念ながらそこまでのレベルでは無く、その中でも平均的なレベルでした。

ところが、この鉄のプレスメーカーは、開発の仕組みを手に入れ、開発ができるようになったのです。

そして、アルミパイプ部品の開発を成功させました。これによって、できることを増やしました。それまでは、鉄のプレスと鉄のプレスを使った自動車部品しかできなかった企業です。それが、この開発の成功によって、アルミのプレスができるようになりました。さらに、アルミの自動車部品ができるようになったのです。

開発して、それを世に出すことによって、世の中から、それらができる企業として認識されるようになったのです。

鉄のプレスができ、アルミのプレスもでき、鉄の自動車部品ができ、さらには、アルミの自動車部品が作れる。これだけの能力があり、実績がある企業となると、一気に世界中で数社、十数社に減ってきます。

たとえ、その中で平均的なレベルだったとしても、もともと世界に何万社とあるプレスメーカーの中で、いきなり数社、十数社しかいない、貴重な存在になるのです。外部の企業からは、はっきりと認識され、競争力は格段に高まります。

こういう風に強みも複数で考えると、戦い方、競争力の高め方について、選択肢が増えるとともに、強みを高めやすくなります。多くのライバルの中で競争力を高めようとする、一つのことを極めるやり方よりも、複数の強みを持ち、ライバルを減らすやり方の方が、格段に難易度が低いからです。

強みに対する誤解が大きく二つあると書きましたが、二点目は、一点目とも関連するのですが、強みとは、一番で無ければならない、と思っていることです。

一番で無ければ、強みとは言えない。一番を取ろうとすると、一つに絞って極めるしかない。だから、一つのことを極める。こういう状態に陥っています。

では、一番でなければ、競争力は無いのか、というと、そんなことはありません。先ほどの鉄のプレスメーカーは、鉄のプレスで一番は取れていません。これは重要なポイントです。

自動車の部品でも一番ではありません。アルミのプレスでもそうです。一番を取れていないどころか、平均クラスです。それでも、鉄のプレス、アルミのプレス、鉄の自動車部品、アルミの自動車部品がやれるというだけで、世界のトップレベルに躍り出ることができています。

4つすべてができること、それだけで十分というか、それが強みなのです。必ずしも、一番でなくても良いのです。

特筆すべきは、鉄のプレスや自動車部品など、一つのことで一番になることは、極めて難易度が高いのに対して、4つのことをできるようにすることは、**開発をやる力、中でも外部を巻き込んで開発する力があれば、格段に難易度が低くなる**ことです。これこそ、開発型企業の強みであり、開発の威力になります。

強みとは、一番でなくてもよいということです。Ｎｏ．１でなくても、Ｏｎｌｙ１の存在になれば、それは、十分に強みとなり、競争力を持ちます。そして、その方が簡単なのです。

企業経営者の皆さんには、是非、このことに気づいてほしいと思います。そして、このＯｎｌｙ１の存在を目指すことにおいて、開発というのが、必要不可欠かつ、強力な手段となるのです。

2、真の強みを築いて年商100億を超えていく

開発によって強みを拡大し、事業を拡大させる

前章でご紹介した金融装置メーカーのH社は、もともと現金を扱う装置しか作れなかった企業でしたが、その後どうなったかをご紹介しましょう。

開発によって、ある強力な外部企業を巻き込むことに成功し、それによって、それまでとは異なる新しい市場向けの新しい商品を開発することに成功しています。コンサルティングが終わってから、わずか4か月後の出来事です。

さらに、続きがあります。その開発商品は、その後に大型の受注が決まりました。コンサティングが終了してから1年以内の話です。これによって、年商規模は大幅向上です。

さらに、この開発がすごかったのは、H社が、この開発によって、ある最新のＩＴ技術を手に入れたことにありました。

ものづくりにおいて、コトづくりの大切さが言われて久しいですが、H社は、この開発によって、コトづくりを実現することにも成功しています。

H社では、従来は、設備を作って売る、というハード売り切り型のものづくり企業でし

た。それが、この開発によって最新のＩＴ技術を手に入れたことにより、継続課金を行うことができるようになったのです。毎月毎月の設備の使用量を、サービス費として得る方法です。これによって、設備を売るときだけでは無く、その後も安定して収益を得ることができます。

しかも、このコトづくりのノウハウは、今後の開発においてもずっと活かすことができます。こうして、Ｈ社は、コトづくりを実現させる力を手に入れましたが、今後が非常に楽しみな会社の一つです。

いずれにしても、大切なことは、開発を単発で終わらせないことです。Ｈ社のように、新たな商品を開発したら、そこで得た技術や知見を利用して、新たな商品やサービスを開発し、さらに、それが成功したら、そこで得た技術を活用して・・・と、次々に取り組みを広げ、自社の強みを、影響力を拡大していくこと。これが大切です。

さらに、Ｈ社は、その新たな技術を自社で開発していないということがポイントです。強力な外部企業を巻き込むことで、その技術を手に入れることに成功しています。

そして、Ｈ社は、巻き込む仕組みを手に入れています。この巻き込む仕組みがあれば、次々と新たな技術や知見を手に入れながら、事業を拡大していくことが可能なのです。

この本の冒頭で、開発するからには、シェア50％以上、シェアトップを目指して下さい、とお伝えしました。

現時点で、そういったシェアトップの商品なり部品、技術を持たないのであれば、まずは、そこを目指して開発していくことになります。まず、シェアトップの商品を開発することによって、自社の柱を立てることが重要になります。

一方、既にシェアトップか、それに近い商品を持っている場合はどうするか。既に自社の柱があるわけですが、そこに安住してはいけません。H社の例の通り、イノベーションのジレンマは必ず起きます。早いか遅いかの差だけですが、その商品もいつかは、陳腐化し、需要が減り、価格低下の圧力が高まり、売上だけでは無く収益も低下していくことになります。

したがって、既に安定した商品がある場合でも、そこに安住することなく、次の商品を開発し、次の柱を立てにいかなければなりません。そうやって複数の柱を立てて、経営を盤石にしていくことになります。

H社の場合は、1本目の柱が、キャッシュレスという巨大な破壊技術にさらされたわけですが、その動きをいち早くキャッチし開発することによって、2本目の柱を立てることに成功しました。その結果、その後、本格的になったキャッシュレスの動きに対して、びくともしない経営基盤を築いたのです。

ここまで築いていれば、今後、もしキャッシュレスが急激に普及して、一本目の柱が倒れたとしても、2本目の柱で立っていられるということです。さらには、外部を巻き込んで開発する仕組みを手に入れていますから、同様に、3本目、4本目と、次々に柱を立てていくこともできるわけです。

もし、キャッシュレス技術の出初めのころに、こんなの広がらない、日本は現金主義だ、と高をくくっていたら、その後、H社がどうなったか？

自社を追い込むリスクのある技術の登場に対しては、その動きが本格的になってから開発を始めたのでは、まず、間に合いません。いかに早くキャッチし、馬鹿にすること無く、早く開発し、対策するか。まさに、そこのことが、企業の生死を分けます。

このように、**開発によって強みを拡大し、事業を拡大していくこと**です。そのために外部を巻き込む開発の仕組みによって、世の中の進化、外部企業の技術を取り込みながら、次々と柱を立てていくこと。そして、そうなった企業が、真の開発型企業なのです。

一章で説明した図に、このことを加えたものを示します。

一章で説明したように、ゼロ段階の企業は、まず、仕組みを築きながら、No．1商品を開発し、第一段階へと進むことです。しかし、そこで止まってはいけません。競合による価格破壊の力は常に強力に働いています。

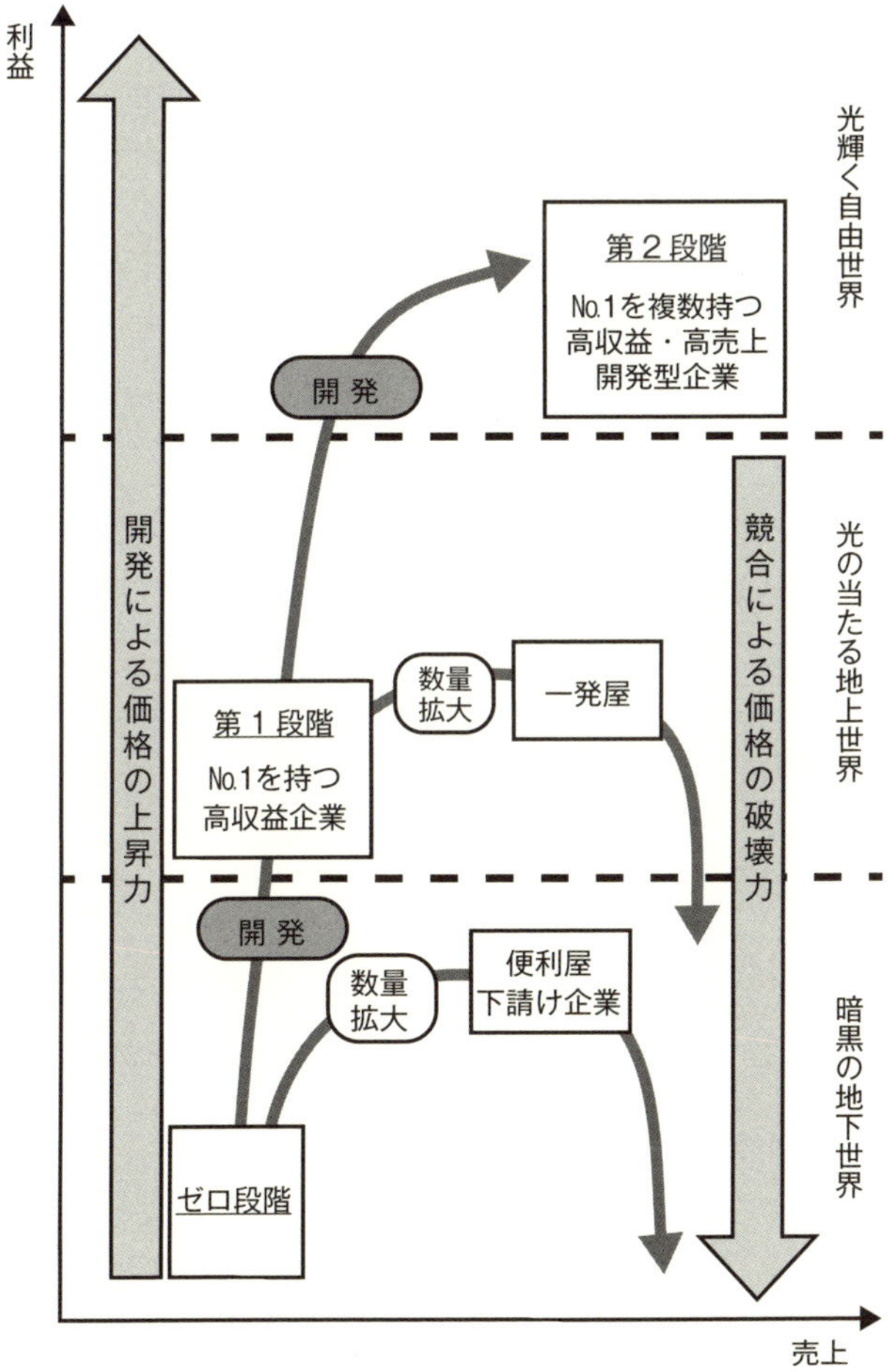
利益
売上
光輝く自由世界
光の当たる地上世界
暗黒の地下世界
開発による価格の上昇力
競合による価格の破壊力
第２段階
No.1を複数持つ
高収益・高売上
開発型企業
開発
第１段階
No.1を持つ
高収益企業
数量拡大
一発屋
開発
数量拡大
便利屋
下請け企業
ゼロ段階

第一段階へと進んだら、構築した仕組みを使って、強みを拡大しながら、第2、第3のNo.1商品を開発し、経営基盤を強化しながら事業を拡大していくことです。このようにして、第二段階へと進んだ企業が真の開発型企業なのです。開発型を志す企業は、ここを目指さなければなりません。

実は、この拡大段階でも2章で説明した羅針盤シートが役に立ちます。我が社は今後、10年、20年、どういった柱をどういう時期にどういう順番で立てていきながら、事業を拡大していくのか、それを計画し、社員に見せて共有し、取り組んでいくことが可能になります。

開発を成功させる最後の要素

最期に、もう一つだけ強みを拡大した事例を紹介します。それは、私自身の話です。自分の話で恐縮ですが、私は、もともとただの材料屋でした。

自動車メーカーに入社してすぐに、材料だけでは自動車業界の中で通用しないことを悟った私は、車を開発できるようになりたい、と思いました。しかし、直ぐには、できません。

そこで、まずは、製造方法の開発を手がけました。鋳造、鍛造、プレス、溶接、熱処理、表面処理と次々と開発によって、技術知見を得ていきました。

しかし、それだけでは、足りません。次には、部品の開発です。サスペンション部品、車体部品、エンジン部品、電動部品と開発を手掛け、これも入手し、車の開発をやれるようにしました。

そして、最後には、自動車事業全体の技術の企画を任される立場にまでなりました。さらに、今では、自動車業界を飛び出し、広く製造業全体に自分の強みを拡大している最中です。

このように、一個人である自分でさえ、これだけのことができるのです。長く製造業界で生き残ってこられた皆さんなら、はるかに大きなことができます。

この本の冒頭で、私の開発の信条というものをご紹介しました。それは、開発に必要なものには、次の二つがある、というものです。

一つは、**未来へのゆるぎない信念**です。

これが無ければ、開発が壁にぶつかった時に、乗り越えることができません。

そして、この未来へのゆるぎない信念、この信念を持つためには、羅針盤です。

自社が未来に向かって進むべき方向がわからなければ、とてもこの信念を持つことはできません。自社が進むべき方向をしっかりと定め、見える形で羅針盤シートに示し、信念をもって、揺らぐことなく突き進んでいくことが大切になります。

そして、この信念だけでは、開発を成功させることはできません。もう一つ必要になります。それは、**成功へのあくなき執念**です。

信念だけでは実行力がありません。成功への執念があって初めて、最後までたどり着くことができます。

そして、この成功への執念が出せるのは、それを持てるのは、企画者です。自分で企画した人が、一番開発への執念を出すことができます。

日本人は、まじめですから、人が考えた物でも、やることになれば、まじめにやります。それなりに頑張ります。しかし、最後の最後、もうだめだ、というところまで追い込まれた時、最後の最後の執念は、やはり企画した人でないと、出てきません。

そして、シェア拡大、新市場開拓を狙うような開発の場合、ほぼ例外なく、このもうだめだ、という瞬間がやってきます。ここを乗り越えられるかどうかが、開発の成否の分かれ目です。

やはり、開発を成功させるためには、企画者に開発させることが、大切な要素になります。

そして、開発を不要にするほどの優れた企画を考えられるのは、技術者です。技術者が開発だけをやるのではなく、しっかりお客様の方を見て、自ら企画すること。そして、企画者をリーダーとして外部を巻き込んで開発すること。これが、開発の成功率を格段に高め、また、開発の質とスピードを飛躍的に高めることになります。

そして、開発型企業の真の強みは、開発によって自社の強みを次々と拡大していく、そのための仕組み、その仕組みこそが、真の開発型企業が持つ強みになります。

必ず開発を仕組みにして、開発を単発で終わらせないことです。そのために、外部を巻き込む仕組みと外部を動かす仕組み、それから開発リーダーを育てる仕組みを社内に持つことです。その仕組みこそが、皆さんの会社の真の仕組みになります。

そして、最後は、人財ですから、皆さんの会社の未来を支えるリーダーをきちんと社内で育てていくことです。

最後になりましたが、鉄のプレスメーカーがその後どうなったか。その後も開発を継続的に行い、さらにできることを増やしていき、その度に年商規模を拡大され、今では、100億が目前の規模まできています。

皆さんの企業が、本書でご紹介したプレスメーカーはじめ、装置メーカー、エンジン部品メーカーのように、外部を巻き込み動かす仕組みとリーダーを育てる仕組みによって、真の開発型企業になって、次々と柱を立て、事業を拡大されていくことを心から願っています。

外部を巻き込んだ開発をすれば、限られた経営資源の中でも新しい知見を獲得し、事業を拡大していくことは十分に可能です。これまでご紹介した企業がそれを証明してくれています。

次は、御社が成功する番です。

あとがき

いかがだったでしょうか？
開発は、可能と思えたでしょうか、それとも、まだ難しいと感じているでしょうか？
会社員だったその昔、理想と現実のギャップに悩む後輩から、相談を受けたことがあります。その時に、次のようにアドバイスしました。

「理想を忘れ、現実しか見なくなると、いつしか現実に流される」
「理想ばかりを夢見て、現実を見ないと、何も変えられない」

大切なのは理想、目指す方向をしっかりと見据え、そこに向かって現実に対処することです。目指さなければ、決して変わることはありません。

理想に向かって、一歩ずつでも、絶えず、前へと進む努力を続けていれば、気がつくと、信じられないほど、成長しているものです。

私は、貧しい家庭環境に育ち、また、会社員時代には、下請け以下の厳しい条件に置かれ、何度も絶望の淵に追いやられました。

開発においても、当初は失敗の連続でした。

ある若い頃の開発では、取引メーカーと必死に開発し、商品化目前までたどり着いたのに、最後の最後に、社内の協力が得られないという大失態をしてしまい、開発中止に追い込まれたこともあります。

苦楽を共にした取引メーカーに、開発中止を伝えなくてはならなかったときほど、辛いものはありませんでした。

ただ、それでも、私はあきらめませんでした。あきらめずに、前へ、前へ、と進む努力を続けているうちに、いつしか、誰もなし得ていない開発の仕組みを作り上げることができました。

その仕組みこそ「ディベロップレス開発法」です。この仕組みを、少しでも多くの悩める中小ものづくり企業に知ってほしい。そして、それを活用して成功を手に入れてほしい。その強い思いが、私を本書の執筆に突き動かしました。

感覚的にご理解いただくことが極めて重要なため、事例を多用してお伝えする努力をしました。特に、会社の陣頭指揮をされる経営者の方々にご理解いただくために、あえて、具体的なハウツーではなく、もっと重要な戦略的な発想や視点に重きを置いて、ご説明にページを割きました。

まだまだ、お伝えしたいことは、たくさんありますが、紙面の都合で本書はここまでにしたいと思います。

読者の皆さんには、必ず本書に書かれていることを実践してほしい、一歩を踏み出してほしい、そう願っています。

最後に、前職時代に導いてくれた諸先輩方、独立に当って心良く送り出してくれた青山市三氏、正しいコンサルタントへの道を示してくれた五島万晶氏、さらには成功を分かち合えるクライアントの皆様、そして、常に支えてくれている心温かい家族に、深く感謝いたします。

四谷　剛毅

2019年3月吉日

著者　四谷 剛毅（よつや ごうき）

ものづくり企業に、「高収益自立経営」を指導する技術戦略コンサルタント。限られた人数、そして驚くべき速度で、売れる製品や商品、選ばれる製造技術を造り出す「ディベロップレス開発法」を指導し、高評価を得ている。

自動車メーカーにて20年以上、技術および商品の企画・開発を手掛ける。「どうすれば、技術開発、商品開発のスピードと成功率を上げることができるのか」をずっと追い求め、試行錯誤する中で、ある開発に行き着く。

それは、他との同時進行ながら「1年未満で価値を2倍に」高めた車両部品の開発で、自動車技術会の技術開発賞を受賞し、「技術開発の見本」と評される。このとき編み出した開発手法は、十分な人や技術を持たない中小企業にこそ役に立つため、より多くの中小企業に広めることを決意し、コンサルタントとして独立。

増員ゼロで、従来比2倍の圧倒的な価値を生み出し客先でのシェアを80％まで高めることに成功した鋳造メーカーや、使いあぐねていた開発技術で異業種への参入に成功し業績を黒字転換させたアルミ加工メーカーなど実績多数。依頼企業は、製造業界全体に広がっており、全国の中小ものづくり企業の救世主として活躍中。１９６９年生まれ、株式会社シンプルテックプラン代表取締役。

小社 エベレスト出版について

「一冊の本から、世の中を変える」——当社は、鋭く専門性に富んだビジネス書を、世に発信するために設立されました。当社が発行する書籍は、非常に粗削りかもしれません。熟成度や完成度で言えばまだまだ低いかもしれません。しかし、

・リーダー層に対して「強いメッセージ性」があるもの
・著者の独自性、著者自身が生み出した特徴があること
・世の中を良く変える、考えや発想、アイデアがあること

を基本方針として掲げて、そこにこだわった出版を目指します。

あくまでも、リーダー層、経営者層にとって響く一冊。その一冊から経営が変わるかもしれない一冊。著者とリーダー層の新しい結び付きのきっかけのために、当社は全力で書籍の発行をいたします。

増員ゼロ、10倍速で成功させる儲かるディベロップレス開発法

定価：本体1、800円（税別）

2019年4月3日 初 版 印刷
2019年4月13日 初 版 発行

著　者　四谷剛毅（よつや ごうき）

発行人　神野啓子
発行所　株式会社 エベレスト出版
〒101-0052
東京都千代田区神田小川町1-8-3-3F
TEL 03-5771-8285
FAX 03-6869-9575
http://www.ebpc.jp

発　売　株式会社 星雲社
〒112-0005
東京都文京区水道1-3-30
TEL 03-3868-3275

印　刷　株式会社 精興社　　装　丁　MIKAN-DESIGN
製　本　株式会社 精興社　　本　文　北越紀州製紙

©Gouki Yotsuya 2019 Printed in Japan SBN 978-4-434-25939-5

乱丁·落丁本の場合は発行所あてご連絡ください。送料弊社負担にてお取替え致します。

本書の全部または一部の無断転載、ダイジェスト化等を禁じます。